"Muito mais que um livro de autoajuda de soluções rápidas, *O que te torna mais forte* oferece um manual para criar uma vida mais gratificante por meio da conscientização e da ação baseada em valores. Apoiado em uma sólida ciência comportamental, bem como em uma sabedoria incomum, este livro convida o leitor a descobrir fontes de bem-estar dentro e fora de si mesmo."

— **Richard M. Ryan**, PhD, psicólogo clínico, professor do Institute for Positive Psychology and Education na Australian Catholic University e cocriador da teoria da autodeterminação

"Prático, divertido e abrangente — este livro fornecerá todas as ferramentas de que você precisa para navegar pelas complexidades e pelos imprevistos que a vida pode lhe apresentar. Eu recomendo adquirir um exemplar e mergulhar na sabedoria contida nestas páginas."

— **Joe Oliver**, PhD, fundador da Contextual Consulting, professor associado na University College London e coautor de *The mindfulness and acceptance workbook for self-esteem*

"Este livro é verdadeiramente empoderador. Repleto de estratégias sábias e práticas para viver com força e propósito, conduz o leitor em uma jornada compassiva que instiga a sonhar alto — a sair de sua zona de conforto e construir resistência, vitalidade, bem como conexões significativas. Este livro ensina que você é forte o suficiente para suportar o medo e a incerteza na construção da vida que deseja viver."

— **Rikke Kjelgaard**, psicóloga, escritora, palestrante, especialista em terapia de aceitação e compromisso (ACT), além de apaixonada por mudanças — www.rikkekjelgaard.com

"Escrito em um estilo muito acessível e prático, *O que te torna mais forte* apresenta um conjunto simples de passos que você pode seguir para buscar a vida que sempre sonhou ter, mas que talvez não se achasse forte ou digno o bastante para conseguir. Como este livro demonstra muito bem, você tem à sua disposição todas as ferramentas necessárias para enfrentar os momentos imprevisíveis da vida e, ao mesmo tempo, se relacionar consigo mesmo e com as pessoas e coisas que são importantes para você no mundo. Altamente recomendado!"

— **Kirk Strosahl**, PhD, cocriador da ACT e coautor de *The mindfulness and acceptance workbook for depression*

"Você às vezes sente que está vivendo como um zumbi, apenas respondendo às muitas demandas que lhe impõem? Às vezes se sente desconectado de seus valores e de seu destino? *O que te torna mais forte* ensina habilidades concretas para que você possa se tornar uma pessoa mais forte e fazer conexões sociais também mais fortes. Louise Hayes, Joseph Ciarrochi e Ann Bailey escreveram um texto acessível e de fácil leitura que irá guiá-lo ao longo de sua vida. Recomendo fortemente."

— **Stefan G. Hofmann**, PhD, professor Alexander von Humboldt na Philipps University of Marburg, Alemanha, e coautor de *Aprendendo a terapia baseada em processos*

"Abri as páginas de *O que te torna mais forte* e me apaixonei instantaneamente! Louise Hayes, Joseph Ciarrochi e Ann Bailey fizeram um golaço! O trabalho apresentado neste livro sobre como criar uma vida com propósito, construindo vulnerabilidade, consciência, amor, amizade e flexibilidade, é envolvente. As ilustrações são incríveis! Só posso imaginar que cada leitor desta obra irá crescer, encontrando seu caminho para uma vida significativa."

— **Robyn D. Walser**, PhD, psicóloga clínica registrada, autora de *The heart of ACT* e coautora de *The mindful couple*, *Learning ACT II*, *The ACT workbook for anger* e *ACT for moral injury*

"O modelo DNA-V é uma maneira acessível e memorável de pensar sobre alguns dos principais processos de mudança que sabemos que são importantes para a saúde psicológica. Se você aprender a ser mais flexível, sua vida mudará. Como uma lanterna em seu caminho, este livro ajudará a tornar sua jornada mais clara."

— **Steven C. Hayes**, criador da ACT e autor de *Uma mente livre*

"Este livro fala a todos os que se sentem perdidos, sem esperança ou como se simplesmente não fossem suficientes. Ajuda a desenvolver e fortalecer habilidades fundamentais para uma vida significativa, abandonar batalhas inúteis com nossos próprios pensamentos e sentimentos e transformar a dor em combustível para perseguir nossos desejos mais profundos na vida. Leitura obrigatória também para psicólogos clínicos… E, bom, além de tudo, é um livro com uma forte base científica."

— **Giovambattista Presti**, MD, PhD, professor de psicologia na Universidade da Enna Kore, Itália, e ex-presidente da Association for Contextual Behavioral Science

O que te torna mais forte

A Artmed é a editora oficial da FBTC

H417o   Hayes, Louise L.
        O que te torna mais forte : como prosperar diante das mudanças e incertezas usando a terapia de aceitação e compromisso / Louise L. Hayes, Joseph V. Ciarrochi, Ann Bailey ; ilustrações: Katharine Hall ; tradução: Daniel Bueno ; revisão técnica: Mônica Valentim. – Porto Alegre : Artmed, 2023.
        vi, 185 p. : il. ; 23 cm.

        ISBN 978-65-5882-130-4

        1. Terapia de aceitação e compromisso. 2. Terapia cognitivo-comportamental – Psicoterapia. 3. Psicologia. I. Ciarrochi, Joseph V. II. Bailey, Ann. III. Título.

CDU 159.9:616.89

Catalogação na publicação: Karin Lorien Menoncin – CRB 10/2147

Louise L. **Hayes**
Joseph V. **Ciarrochi**
Ann **Bailey**

Ilustrações de Katharine Hall

O que te torna mais forte

como prosperar diante das mudanças e incertezas usando a **terapia de aceitação e compromisso**

Tradução
Daniel Bueno

Revisão técnica
Mônica Valentim
Terapeuta comportamental contextual. Mestra em Psicologia Experimental pela Universidade de São Paulo. Doutora em Pediatria pela UNESP Botucatu. Ex-presidente e fundadora do capítulo brasileiro da Association for Contextual Behavioral Science (ACBS). Peer-Reviewed ACT Trainer pela ACBS.

Porto Alegre
2023

Obra originalmente publicada sob o título *What makes you stronger: how to thrive in the face of change and uncertainty using acceptance and commitment therapy*

ISBN: 9781684038602

Copyright © 2022 by Louise L. Hayes, Joseph V. Ciarrochi, and Ann Bailey
New Harbinger Publications, Inc. 5674 Shattuck Avenue Oakland, CA 94609
www.newharbinger.com

Gerente editorial
Letícia Bispo de Lima

Colaboraram nesta edição:

Coordenadora editorial
Cláudia Bittencourt

Capa
Paola Manica | Brand&Book

Preparação de original
Giovana Silva da Roza

Leitura final
Fernanda Luzia Anflor Ferreira

Editoração
Ledur Serviços Editoriais Ltda.

Reservados todos os direitos de publicação ao
GRUPO A EDUCAÇÃO S.A.
(Artmed é um selo editorial do GRUPO A EDUCAÇÃO S.A.)
Rua Ernesto Alves, 150 – Bairro Floresta
90220-190 – Porto Alegre – RS
Fone: (51) 3027-7000

SAC 0800 703 3444 – www.grupoa.com.br

É proibida a duplicação ou reprodução deste volume, no todo ou em parte, sob quaisquer formas ou por quaisquer meios (eletrônico, mecânico, gravação, fotocópia, distribuição na Web e outros), sem permissão expressa da Editora.

IMPRESSO NO BRASIL
PRINTED IN BRAZIL

Autores

Louise L. Hayes, PhD, é treinadora internacional de terapia de aceitação e compromisso (ACT), palestrante, psicóloga clínica e pesquisadora, colaborando em intervenções para adultos e jovens. Hayes publicou ensaios de pesquisa usando ACT e é coautora de *The thriving adolescent* — livro que introduziu o DNA-V —, bem como dos recordistas de vendas *Your life your way* e *Get out of your mind and into your life for teens*.

Joseph V. Ciarrochi, PhD, é professor do Institute for Positive Psychology and Education na Australian Catholic University. Tem mais de 140 artigos publicados em revistas científicas e diversos livros, incluindo o amplamente aclamado *Emotional intelligence in everyday life* e *The weight escape*. Ciarrochi foi contemplado com mais de US$ 4 milhões em financiamento de pesquisa. Seu trabalho tem sido discutido no rádio e na televisão e em artigos de revistas e jornais. Ele está classificado entre os 2% melhores cientistas do mundo.

Ann Bailey, MPsych, é praticante e supervisora de ACT com larga experiência e criou um premiado serviço público de saúde mental para o tratamento de transtorno da personalidade *borderline* e transtornos de ansiedade — integrando ACT, terapia cognitivo-comportamental (TCC) e terapia comportamental dialética (DBT). Ann supervisiona uma equipe de médicos como diretora de sua clínica para tratamento de ansiedade e estresse com base em ACT.

A ilustradora **Katharine Hall** mora em Wellington, Nova Zelândia. De seu estúdio em Aotearoa, ela conta histórias que podem ser traduzidas em vários idiomas. É especialista em ilustrações a mão e projetos digitais para indivíduos, *start-ups* e empresas tanto de grande como de pequeno porte.

Aos meus irmãos, Jeff, Ian e John, obrigada por me fazerem rir com frequência.

A Jackson, Darcy e Alana, obrigada por valorizarem a nossa família.

Como sempre, toda a vida com Mingma: *Nga chenbu chegee khorla*.
— **L. L. H.**

Para Grace, Vincent e Ann, obrigado por preencherem minha vida com energia e propósito.
— **J. V. C.**

Aos meus pais, Helen e Grahame; a meu irmão Grant;
e a meu universo, Joseph, Grace e Vincent. Obrigada por seu amor.
— **A. B.**

Agradecimentos

Criar um livro como este requer o trabalho de muitas pessoas. Gostaríamos de estender nossa sincera gratidão a: Katharine Hall, de www.kathallcreative.com, por fazer nossas palavras ganharem vida em suas ilustrações; Catherine Adam, de www.wonderbird.nz, por inspirar o *design* do livro em inglês, por dentro e por fora; nossos editores, Tesilya Hanauer e Vicraj Gill, por sua orientação nos primeiros rascunhos; Karen Levy, pelo copidesque; e todos os funcionários da New Harbinger. Meu agradecimento aos nossos primeiros leitores beta, Louise Whiting, Alana Ray, Jackson Hayes e Darcy Hayes.

Este livro não existiria sem o trabalho original de ACT escrito por Steve Hayes, Kirk Strosahl e Kelly Wilson, e o suporte contínuo e a conexão com a comunidade na Association for Contextual Behavioral Science.

E, finalmente, aos colegas e amigos pelo incentivo, apoio e, acima de tudo, paciência ao longo dos anos de escrita. Obrigado por estarem presentes quando pedimos ajuda. Somos abençoados com tantas pessoas maravilhosas que usam o DNA-V em seu trabalho e os muitos clientes que compartilham suas vidas conosco — cada um de vocês fez valer a pena o duro trabalho de escrever este próximo avanço no DNA-V.

Sumário

Introdução. DNA-V: os quatro alicerces da força psicológica 1

PARTE 1 – Seu alicerce para a mudança

1. Valorizador: direciona sua vida a um objetivo 17
2. Conselheiro: o torna eficiente 27
3. Observador: fortalece sua consciência 41
4. Descobridor: amplia e constrói por meio da ação 55

PARTE 2 – Construindo sua força interna

5. Seu *self* vulnerável 71
6. Seu *self* ilimitado 83
7. Seu *self* compassivo 93
8. Seu *self* realizador 103
9. Sua consciência profunda 113

PARTE 3 – Construindo força em situações sociais

10. Mudando para um estilo social flexível 129
11. Trazendo mais amor e amizade para a sua vida 139
12. Gerenciando as dificuldades com os outros 149
13. Esperança ativa enquanto o mundo muda 161

Notas 169

INTRODUÇÃO

DNA-V:
os quatro alicerces
da força psicológica

Ao perceber que mudança e controle
são incompatíveis, você se liberta.

As mudanças em sua vida podem ser constantes e desorientadoras. Você quer que sua vida seja previsível. Também quer que seu mundo seja previsível. Mas ele não é. A vida é difícil. Você enfrentará incertezas e lutas quase constantes. No entanto, é possível aprender a viver com propósito, mesmo diante das mudanças. Neste livro, você vai aprender uma maneira baseada na ciência de viver com flexibilidade, não importa o que o mundo atire em você. A mudança pode torná-lo mais forte.

Apresentaremos agora uma visão geral deste livro seguindo um estudo de caso. Dawa é uma jovem advogada recém-formada que está partindo para o emprego dos seus sonhos. Depois de anos de estudo e trabalho duro, ela consegue um emprego em um escritório de advocacia de alto nível. Dawa logo percebe que o emprego dos sonhos não é como imaginava. Sua chefe é uma tirana. Critica Dawa em reuniões, cria alianças contra ela, atribui-lhe tarefas sem sentido e retém informações importantes. Dawa responde sendo eficiente e educada, esperando que sua chefe goste dela. Também usa suas velhas estratégias de trabalhar mais e desenvolver uma resistência interior. Dawa critica a si mesma: *Seja mais durona, sua fracote*. Sua chefe se alimenta de poder, e as tentativas de Dawa de jogar limpo só pioram as coisas. Ela suspeita que sua chefe esteja tentando fazê-la sucumbir. A pressão também é estranhamente familiar; é uma reminiscência daquele professor que a intimidou tanto que a escola o demitiu. Às vezes, surge um pensamento de que *talvez seja ela*; talvez haja algo errado com *ela*.

Porém, Dawa não pode cismar com isso. Ela agora tem efetivamente duas ocupações — seu emprego remunerado mais seu trabalho autoimposto de controlar seus sentimentos e pensamentos. Ela se esforça tanto que acaba esgotada. Controlar seus pensamentos e sentimentos dá a ela a ilusão de que está lidando bem, mas o simples esforço a deixa atordoada.

Controlar as mudanças significa que você tenta parar coisas que não podem ser paradas. Para Dawa, é uma chefe ruim *e* um emprego dos sonhos perdido. Suas estratégias se baseiam em controlar tudo: estratégias internas, como ser dura consigo mesma, e estratégias externas, como fazer listas de tarefas intermináveis, sempre manter seus arquivos em ordem e até mesmo usar meias da sorte. Nada que ela faça é capaz de controlar o humor de sua chefe. Ela também não consegue deter seus pensamentos e sentimentos angustiantes. Aqui, eles fazem sentido; ela *deveria* estar se sentindo oprimida se está sendo intimidada. Dawa precisa encontrar outro jeito.

Este livro oferece uma premissa radical: tentar controlar as coisas erradas traz perda de controle. Se tentar controlar como pensa e sente, como as outras pessoas pensam e sentem, ou como os eventos externos se desenrolam, você perderá o controle. Vai perder a própria vida que está tentando proteger. Vai ficar travado. Você precisa de uma maneira diferente de responder às mudanças. Neste livro, você irá aprender a enfrentar as mudanças com coragem e esperança em vez de resistir a elas. Então, e só então, as mudanças o tornarão mais forte.

O QUE ESPERAR DESTE LIVRO

Este livro mostrará como desenvolver flexibilidade interior para que você possa crescer com as dificuldades. Flexibilidade é o oposto de controle; é aprender a curvar-se com o vento para não quebrar. Este livro fornecerá um sistema simples e prático construído a partir de uma pesquisa eficaz, o qual chamamos de DNA-V.[1] Fundamentamos o DNA-V em abordagens baseadas em evidências da ACT,[2] da psicologia positiva,[3] da terapia baseada em processos,[4] de intervenções baseadas em *mindfulness*,[5] da teoria da autodeterminação,[6] da teoria do apego adulto[7] e da ciência evolutiva.[8] Em última análise, o que distingue este livro de muitos outros livros de autoajuda é o nosso profundo compromisso com a ciência e a pesquisa. Tradições de sabedoria do passado também nos influenciam, especialmente quando vinculadas às últimas evidências de pesquisa. O livro inclui muitas referências; se você estiver interessado, pode consultá-las durante a leitura.

Na primeira parte, explicamos as principais habilidades do sistema DNA-V. Na segunda, aplicamos essas habilidades para expandir e fortalecer o *self* e, depois, na terceira parte, expandimos ainda mais as habilidades para o seu mundo social. Pense em uma pedra caindo na água e as pequenas ondulações que se expandem formando grandes ondulações. Da mesma forma, você aprenderá gradualmente a expandir sua vida, das habilidades internas para o mundo externo. A seguir, apresentamos um breve panorama sobre o conteúdo do livro.

PARTE 1: O SISTEMA DNA-V

O sistema DNA-V tem quatro habilidades principais, que chamamos de *discoverer* (descobridor), *noticer* (observador), *advisor* (conselheiro) e *valuer* (valorizador). Desenvolver cada uma dessas habilidades pode torná-lo mais forte e mais capaz de adaptar-se às mudanças e construir propósito em sua vida. Os primeiros quatro capítulos abordam cada habilidade detalhadamente. Não existe uma ordem correta para usar as habilidades ou aprender sobre elas. No exemplo de Dawa, ela está travada com seu conselheiro, então começamos por aí e vamos mostrar o modelo DNA-V seguindo a ordem mais útil para ela.

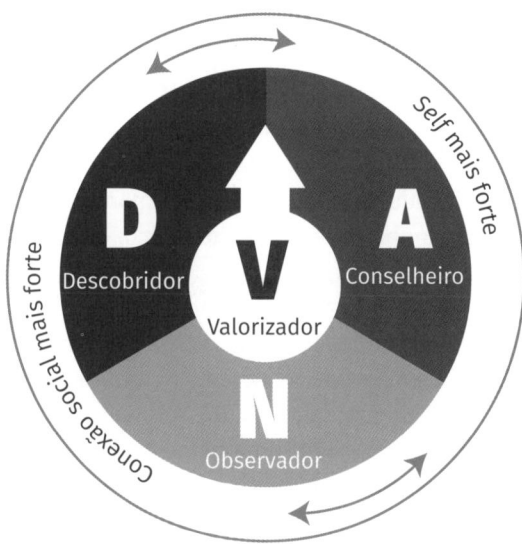

Seu conselheiro permite que você seja o mestre do seu pensamento

Seu *conselheiro* é um conceito informado pela ciência. Nós o utilizamos para mostrar como os pensamentos funcionam e como construir um estilo cognitivo flexível. Flexibilidade significa que você usa os pensamentos de maneiras proveitosas e experimenta novas estratégias de pensamento ou muda para outra habilidade DNA-V quando está travado. Por exemplo, se está pensando demais, ruminando ou seguindo crenças infrutíferas, você pode aprender a deixar esses pensamentos irem embora e mudar para acolher o momento presente (observador) ou mudar para agir e encontrar um novo caminho a seguir (descobridor).

A psicologia popular provavelmente lhe ensinou que a força provém de pensamentos positivos. Vemos isso em livros como *Desperte o seu gigante interior: como assumir o controle de tudo em sua vida* e *O poder do pensamento positivo*. A ideia central nesses livros é que você pode rejeitar a incerteza criando pensamentos positivos e convencendo-se de que é forte. Isso lhe dá a vida que você deseja. Esse conceito falhou miseravelmente. Se tivesse dado certo, estaríamos todos fazendo isso e vivendo felizes para sempre. Só precisaríamos de um livro que nos dissesse para pensar positivamente, não milhares deles. Aqui, neste livro, vamos propor algo muito diferente.

> Força não é a capacidade de pensar positivamente.
> É a habilidade de usar o pensamento, positivo e negativo,
> para construir uma vida melhor.

Dawa está se esforçando para pensar positivamente, mas não está funcionando. Ela está em um ambiente de trabalho tóxico, dizendo a si mesma para manter-se forte. É como estar sendo roído por um rato enquanto contempla como o dia está ensolarado. É hora de algo radicalmente diferente. Quando ela desenvolver sua habilidade de conselheiro, saberá que tentar se forçar a ser positiva não vai funcionar. Em vez disso, aprenderá a transformar sua energia de pensamento em um estilo flexível que a ajude a resolver problemas, prever como as pessoas vão agir, motivar-se e ter uma perspectiva mais ampla. Os pensamentos de Dawa são seu supercomputador, e a abordagem do DNA-V irá ajudá-la a eliminar os *bugs* de sua programação.

Seu observador constrói sabedoria interior e calma exterior

Observar está nos momentos da vida. Observar está dentro do seu corpo e inclui sua capacidade de experimentar a vida por meio de seus cinco sentidos e de seus sentimentos. Seu corpo é um instrumento sensível, capaz de detectar rapidamente ameaças e oportunidades. Carrega alegria e estresse — momentos em que seu coração se alegra com um abraço ou afunda depois de receber más notícias.

Assim como nossa cultura pode promover pensamentos positivos, ela também pode promover apenas emoções positivas, nos dizendo para acentuar o positivo e eliminar o negativo. Mostraremos a você que suas tentativas de controlar os sentimentos negativos apenas criam mais sentimentos negativos. Você pode ficar travado tentando conter seus sentimentos negativos com estratégias destrutivas, como evitar sentimentos ou começar a ter hábitos pouco saudáveis. Você verá que sua capacidade de observar pode ajudá-lo a ganhar presença e propósito, que pode aprender a responder com sabedoria, administrar emoções e cuidar de seu eu físico. Se estiver disposto a se abrir para a vulnerabilidade, você poderá expandir sua vida.

> Força não é controlar o medo; força é abrir espaço para o medo e responder com sabedoria.

Dawa pensa que é um fracasso porque se sente com medo e insegura. Quando ela usar sua habilidade de observar com sabedoria, aprenderá a reconhecer sua mágoa e a entender que se sentir insegura não é uma fraqueza. Sua capacidade de observar lhe dirá que ela está em um ambiente tóxico e precisa agir. De sua consciência silenciosa, ela irá ganhar força. Descobrirá que é flexível o suficiente para carregar o medo e, ainda assim, agir de forma eficaz.

Seu descobridor: uma ponte para o seu melhor *self*

Seu *descobridor* o ajuda a sair de sua zona de conforto e fazer algo novo a fim de que aprenda e cresça interiormente e em seu mundo social. Você pode usar seu descobridor quando velhas estratégias e hábitos não estiverem funcionando. Mudar velhos padrões de comportamento pode ser difícil. Em primeiro lugar, porque a mudança traz incerteza, *nós a evitamos*. Por exemplo, as pessoas mantêm amizades insatisfatórias porque temem que seja muito difícil se afastar ou fazer novos amigos. Em segundo lugar, a mudança pode ameaçar nosso *senso de competência*. As pessoas ficam em empregos dos quais não gostam porque não conseguem imaginar como seria uma carreira diferente. Em terceiro lugar, a mudança pode nos fazer sentir que *os outros estão nos controlando*. Ficamos ressentidos e reagimos. Por exemplo, as pessoas odeiam quando os governos mudam a maneira como as coisas são feitas e não conseguem explicar o motivo. Finalmente, há resistência à mudança porque ela *exige esforço*. Podemos tomar a decisão de permanecer em nosso atual emprego chato porque procurar outro é difícil. A última maneira de resistirmos à mudança é fechando nossas mentes *por presumirmos que nossas previsões estejam certas* e que *conhecemos nossas limitações* e não podemos realizar uma mudança. Então, abandonamos a esperança.

Olhando de fora, podemos ver como Dawa está presa ao confortável desconforto de seus hábitos. Ela se esforçou muito para terminar a faculdade de direito pressionando a si mesma. Pressionar-se a ajudou uma vez, mas agora isso piora as coisas. É difícil para ela abrir mão de uma estratégia que funcionou tão bem no passado. Quando ela acionar sua habilidade de descobridor, aprenderá a ver seu problema com novos olhos e novas estratégias.

> A força requer a coragem de abandonar o velho e descobrir um novo caminho para seguir, uma ponte para um eu melhor.

Seu valorizador direciona sua vida para um propósito

Seu descobridor, seu observador e seu conselheiro são habilidades que você pode usar para agregar valor à sua vida. Isso nos leva ao seu *valorizador*, que tem dois componentes: *ação valorizada* é a sua capacidade de dar passos intencionais; *vitalidade* é a sua capacidade de trazer energia e engajamento para o seu dia. O objetivo deste livro é ajudá-lo a trazer mais propósito e energia para a sua vida.

As cerimônias de compromisso valorizam o propósito *e* a energia vital. Você já se emocionou ao testemunhar um casal apaixonado fazendo seus votos? Aquele momento de alegria simboliza o quanto o valor é central para você, mas também ilustra que o valor vem com um companheiro: a vulnerabilidade. Assim como você, a alegria desse casal hoje não vai durar; eles lutarão pela felicidade, mas também conhecerão a tristeza. Como você, esse casal enfrentará mudanças repetidas vezes. Eles irão envelhecer, talvez se separem, talvez se tornem mais próximos. Se construírem sua vida com base em valores, e não em uma forma idealizada de como os relacionamentos devem ser, eles têm chance de se fortalecer a cada ano. Caso se escondam ou suprimam seus sentimentos vulneráveis, podem vir a se separar.

> A força exige que você esteja aberto ao valor e permita a vulnerabilidade.

Dawa está diante de uma escolha difícil. Uma escolha valorizada é honrar seu anseio por realização íntima e profissional. Isso fará com que se sinta vulnerável porque ela se importa, não porque é fraca. Uma alternativa é virar as costas; ao fazer isso, a tirana estará forçando Dawa a desistir de sua vida. Guiando-se por valores, ela saberá qual escolha fazer. Ela ficará mais forte. Os valores se tornarão seu escudo.

> A força exige que você alterne com flexibilidade entre descobridor, observador e conselheiro para criar valor e vitalidade. Força é mudança.

PARTE 2: FORTALECENDO O *SELF*

Os Capítulos 5 a 9 mostrarão como fortalecer suas habilidades DNA-V para se tornar um eu mais forte, que pode crescer além das falsas limitações. Você vai mergulhar profundamente em quem *pensa* que é e emergirá competente, centrado e equilibrado, capaz de ser vulnerável, ilimitado, compassivo, realizador e consciente de sua presença no mundo.

Vulnerável é saber que seu eu e suas emoções corporificados são uma parte essencial de você, uma forma crucial de experimentar a vida e as outras pessoas. *Ilimitado* é ver a si mesmo como sem barreiras, saber que você não precisa ficar preso a palavras e rótulos, como *não inteligente o bastante* ou *não suficientemente bom*. *Compassivo* é abrir-se com coragem e bondade. *Realizador* é se preparar para o crescimento, fortalecendo suas habilidades e trabalhando para seus objetivos mais valiosos. *Consciência profunda* é onde você aprende a treinar sua mente e corpo para se tornar uma presença aberta e centrada, vivendo com grande entusiasmo e se conectando com o mundo.

Dawa passou uma década na faculdade de direito, mas todos os fatos e jurisprudência não a ensinaram a encarar as mudanças interiores. Por meio desses capítulos sobre o fortalecimento do *self*, ela pode vir a entender que seu sonho despedaçado não é uma falha pessoal. Ela pode aprender que atacar a si mesma com críticas é inútil, mas construir uma presença forte e compassiva é inviolável.

CONSTRUINDO CONEXÕES SOCIAIS MAIS FORTES

Os quatro capítulos finais se expandem para o seu mundo social. Aqui você vai considerar como os outros trazem mudanças para você e o que pode fazer sobre isso. Vamos lhe mostrar como abandonar padrões infrutíferos, enfrentar mudanças nos relacionamentos, lidar com dificuldades com outras pessoas e trabalhar para obter mais amor e conexão. Então, no capítulo final, você verá como todas as suas habilidades DNA-V podem se unir para ajudá-lo a viver mesmo quando a vida oferece mudanças constantes e, muitas vezes, assustadoras. Alimentado por seu valor, você aprenderá a usar suas habilidades DNA-V para se adaptar. Onde há desesperança, o DNA-V traz esperança ativa.

Dawa está abalada com as mudanças em seu mundo social. Ela esperava uma carreira gratificante, mas está presa em um local de trabalho tóxico. O *bullying* desencadeou dificuldades sociais anteriores. Cada capítulo desta seção social dará a ela *insights* sobre suas ações sociais para depois ajudá-la a se livrar de hábitos que não funcionam bem, como evitação, aquiescência e autoculpabilização. Ela aprenderá a ser assertiva para poder construir sua carreira. E aprenderá a fortalecer seus relacionamentos íntimos para dar e receber amor e apoio.

A situação de Dawa não é singular, mas realmente mostra como o sistema DNA-V pode ajudar as pessoas a reimaginar suas vidas. Mais adiante no livro, você lerá histórias sobre como outras pessoas usaram o sistema DNA-V para lidar com situações difíceis.

A vida de Dawa pode ser transformada.

A sua vida também.

PARTE 1

Seu alicerce para a **mudança**

Quando você usa todas as suas habilidades DNA-V, sua caminhada na vida é pavimentada com propósito.

A gora você está pronto para aprender a maximizar suas habilidades de maneiras que irão ajudá-lo a enfrentar a mudança e a se fortalecer. Na Introdução, apresentamos uma breve visão geral das partes do sistema, apenas para que você possa vê-las em conjunto. Você já tem as habilidades de descobridor, observador, conselheiro e valorizador dentro de você. Agora vamos mergulhar mais fundo em como você pode usar essas quatro habilidades na vida. Algumas das maneiras como as usa atualmente podem estar travando você. Mas, se mudar sua forma de usá-las, você poderá se tornar mais forte. Nos próximos quatro capítulos, vamos ajudá-lo a identificar essa distinção entre ficar mais forte e ficar travado.

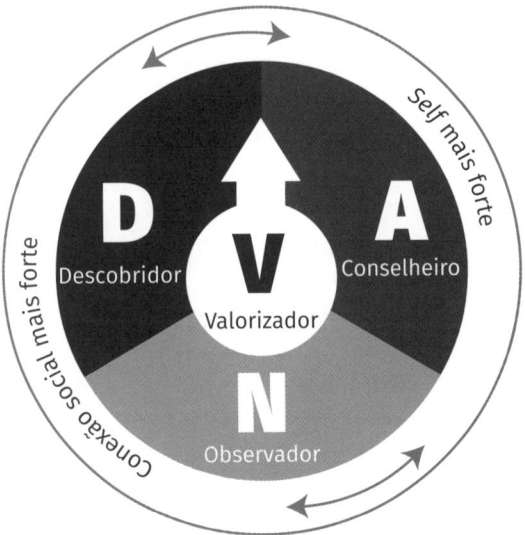

A ilustração do disco é uma maneira de pensar sobre si mesmo e como você pode encarar as mudanças. Agora, vamos transitar entre as habilidades para ver como é fácil aplicar o sistema DNA-V a algo importante em sua vida.

Comece pensando em seus relacionamentos e identifique alguém que você valoriza, mas com quem muitas vezes entra em conflito. Alguém com quem você talvez discuta ou de quem discorde com frequência.

MUDE PARA O SEU ESPAÇO DE *CONSELHEIRO*

Reserve um momento para pensar sobre o conflito que você tem. O que o está causando? O que você pensa quando está no conflito? O que deve fazer em relação a isso? Isso é usar seu conselheiro. Você está resolvendo problemas e entendendo as coisas.

MUDE PARA O SEU ESPAÇO DE *OBSERVADOR*

Agora, respire lentamente algumas vezes (não profundamente, apenas lentamente). Não se apresse. Dê a si mesmo um momento para respirar. Observe o que está acontecendo dentro de você. Você está usando seu observador quando está experimentando o mundo através de seu corpo e de seus sentidos, como quando está imerso na natureza ou absorto em uma conversa com um amigo. Agora, deixe sua mente vagar pelo conflito e observe a sensação do conflito em seu corpo. Você percebe tensão em algum lugar? Que sentimentos carrega em seu corpo? Raiva, estresse, tristeza? Observe como é ter um conflito com aquela pessoa. Agora mude sua percepção para o mundo exterior, sentindo o que está ao seu redor. Desacelere. Observe cheiros, visões ou sons. Você acaba de se conectar com seu observador; reserve um momento para se conscientizar dessa sensação.

MUDE PARA O SEU ESPAÇO DE *DESCOBRIDOR*

Você está usando bem o seu descobridor quando está interagindo com o mundo e está aberto a comentários. Quando faz algo novo, você cresce; quando fica em sua zona de conforto, não. Pense novamente sobre esse conflito. Como você normalmente age quando está em conflito? Discute, levanta a voz, se distancia? Conscientize-se de sua estratégia de ação típica e como ela funciona. Agora, pense em fazer algo novo ou incomum nesse conflito. Que novo comportamento você poderia tentar? Fazer algo novo também pode ser desconfortável.

MUDE PARA O SEU CENTRO DE *VALORIZAÇÃO*

Colocamos valor e vitalidade no centro do seu disco DNA-V. Imagine que pode direcionar seu valor para sua habilidade de descobridor, observador ou conselheiro, dependendo do que seja importante para você. Digamos que você valorize melhorar seu relacionamento e reduzir conflitos. Então, isso determina de que forma você direciona sua energia. Pensar sobre a situação ajuda a reduzir o conflito? Então, use sua habilidade de conselheiro. Você se beneficiará ao desacelerar, fazer pausas e não reagir aos sentimentos? Então, use sua habilidade de observador. Finalmente, você gostaria de fazer algo novo nessa relação e ver se isso melhora o conflito? Então, use sua habilidade de descobridor.

Com o sistema DNA-V, você pode mudar rapidamente em apenas alguns minutos, entre fazer coisas no seu relacionamento (descobridor), perceber os seus sentimentos no relacionamento (observador) e pensar no seu relacionamento (conselheiro). Isso não é incrível? Você está sempre em movimento, mesmo que não perceba. O disco DNA-V ilustra como você está em constante mudança. Você nunca vai parar de ter anseios, nunca vai parar de se importar; você está sempre se movimentando para acionar todas as suas habilidades para ajudá-lo a amar sua vida.

Agora é hora de começar sua jornada DNA-V. Poderíamos iniciar em qualquer lugar no modelo DNA-V, mas nosso primeiro capítulo será em seu centro: seu valorizador. Depois de conhecer o seu valor, você terá um caminho para crescer e mudar, e haverá um propósito por trás de sua força.

1

Valorizador:
direciona sua vida a um objetivo

Deixe que seu coração guie a sua vida. Pergunte a si mesmo a cada dia: O que é mais importante? Talvez você não saiba a resposta, mas pode procurá-la. A procura vai transformar você.

Em momentos de quietude, você pode questionar a profundidade de sua vida, perguntando a si mesmo se está fazendo ela valer a pena ou se está apenas passando por ela. Talvez esse momento chegue durante uma caminhada na natureza, quando se sente absorvido pela força das árvores que estão ali há mais tempo do que você. Nesse momento, você pode estar tranquilo o suficiente para sentir seu desejo por algo mais. A agitação da vida cotidiana se acalmou. Apenas a floresta e você. Você sente o desejo de mais vida. Cada dia, semana, mês e ano traz novos desafios, tornando difícil parar e ouvir aquele desejo. *O que eu quero na minha vida? Do que eu preciso?* Nesse silêncio, você também pode escutar a dor. *Eu quero que seja mais fácil. Eu só quero viver em paz, ser feliz e ter amor. Isso não é pedir demais, é?* Isso pode ser difícil de escutar. O arrependimento preenche o silêncio. Talvez você tenha se perdido em hábitos — levantar, trabalhar, dormir, repetir, um ciclo sem fim.

Faça com que esses momentos de silêncio sejam importantes. Saiba que você não está sozinho; estamos todos interligados na mesma luta. Neste capítulo, convidamos você a passar algum tempo se conectando com seu significado e propósito. Você entenderá por que escutar seu desejo é importante, por que isso envolve luta e como a escuta o fortalece.

O que a maioria das pessoas deseja é vitalidade e valor. Vitalidade é o quanto você se sente *vivo*, *energético* e *engajado*, como ao rir com um amigo ou ao aceitar novos desafios com entusiasmo. Valor se refere ao que está em seu coração, o que é pessoalmente importante para você em longo prazo. Ações valorizadas podem incluir conectar-se com outras pessoas, desafiar a si mesmo e aprender, estar fisicamente ativo, cuidar de sua espiritualidade, ajudar os outros, acolher o momento e cuidar de si mesmo.[1] Valores não são o que você *pensa*, mas o que você *faz*; é por isso que chamamos de ação valorizada. São algo pelo qual você trabalha; você pratica uma ação valorizada agora para um resultado futuro. Quando começa a olhar para o que valoriza, você passa a entender pelo que vale a pena lutar. Se você não olha, nada muda.

UMA HISTÓRIA DE DOIS MUNDOS

Você está prestes a experimentar dois mundos ao imaginar que vive nos lugares descritos a seguir. Observe o que acontece dentro de seu corpo e em sua mente enquanto você lê.

Primeiro dia

O despertador toca. Você aperta o botão soneca. *Apenas mais alguns momentos de paz.* Em seguida, ele toca novamente. *Droga. Mexa-se. Não há tempo suficiente.* Você põe um pé para fora da cama. Listas de tarefas invadem seu cérebro: tarefas, compromissos, mantimentos, *e-mails* — ah, aqueles *e-mails*! —, contas, reuniões e roupa suja. *Como pode já ser quinta-feira? Depressa, você vai se atrasar!* Você encontra suas chaves e vai. Enquanto pega um café, você pensa em tudo o que precisa fazer.

Agora você está vivendo em um lugar que chamamos de Zumbilândia. Claro, é um nome bobo, mas é fácil de lembrar.

O trânsito está demorando tanto. Por que existem tantos maus motoristas? Ligeiro!

Finalmente, a cafeína entra em ação.

Ao longo do dia de trabalho, sua mente divaga, sonhando com umas férias. Hoje é dia de zumbi. *Tomara que o dia termine logo*, você pensa. *Eu preciso dormir mais.*

Os dias da Zumbilândia são preenchidos com esse tipo de tédio, uma tarefa atrás da outra. Desafio atrás de desafio. Muitas vezes, você se pergunta como vai conseguir. Então, você tenta correr, apressando as tarefas, correndo contra o tempo, terminando o dia exausto. Talvez você adormeça se perguntando: *Passei semanas, meses, anos vivendo assim. O que eu ganhei com isso?*

Pergunte a si mesmo, quantos dias você vive em Zumbilândia?

Um em sete?
Quatro em sete?
Nenhum deles?
Todos eles?
A vida é toda uma luta sem escolha? Onde fica a saída de Zumbilândia?

Ocasionalmente, você para, e então percebe que essas listas de afazeres roubaram a sua vida. E talvez, nesses momentos, você também se pergunte como deixou que sua vida ficasse tão ocupada, focada em tarefas ou tediosa. Você pode até ter pensamentos como: *Qual é o sentido?* E, então, pode cair na culpa: por que deixou isso acontecer com a sua vida preciosa?

Em Zumbilândia, as obrigações do dia esgotam o âmago do seu coração.

Faça uma pausa e observe como esse lugar é para você.

Já não basta?

Segundo dia

Vamos experimentar um dia diferente. Imagine que acontece o seguinte.

Você acorda, se espreguiça e olha para o sol nascendo no horizonte; a luz se espalha pelo céu e entra no seu quarto, aquecendo você. Você tem tantos prazos a cumprir, mas nesse dia faz uma pausa e aprecia o nascer do sol. *Eu vou permanecer na minha vida hoje*, diz. Hoje, você escolhe viver com grande entusiasmo, por mais ocupado que esteja.

Este é um novo mundo que chamamos de Vitalidadelândia (sim, apenas outro nome bobo). Em Vitalidadelândia, os residentes vivem cada dia como se ele importasse.

Fazendo uma pausa, respirando o ar da manhã, você se pergunta: *O que importa para mim hoje? Com que eu me importo?*

E então escuta.

Você decide direcionar sua energia com consciência para seu valorizador, mantendo valores e aspirações por perto.

Você entra nesse dia agitado em Vitalidadelândia se perguntando: *Como posso criar vitalidade?* E você responde com ação. Talvez seja escovar os dentes e observar os pássaros em uma árvore pela janela do banheiro, decidindo deixar as listas de tarefa de lado por um momento. Talvez você sorria para a pessoa que está fazendo seu café ou compartilhe uma piada sobre o tempo, percebendo a suavidade de seus profundos olhos castanhos. Ao longo do dia, você se lembra do que é importante e, assim, cria mais energia. Talvez você faça uma pausa para perguntar a um colega de trabalho como vão as coisas. Talvez pare para desfrutar de um almoço relaxante.

Você direciona sua energia para momentos vitais *e*, mesmo assim, trabalha duro.

Você liga para um amigo e compartilha um meme da internet com uma risada, guarda o telefone para observar seu amor falando, tira um momento para si mesmo *e*, ainda assim, faz as tarefas.

Quando esse dia termina, você faz uma pausa, sentando-se na beira da cama. Você sorri e percebe que foram as menores coisas que fizeram o dia valer a pena. Você ainda está cansado depois de um árduo dia de trabalho, mas há um calor em seu coração. Hoje você sentiu a vitalidade com pequenas ações que trouxeram energia.

Faça uma pausa novamente e observe como seria viver todos os dias dessa maneira.

Estes dois dias irão mudar sua vida

Pergunte a si mesmo o que aconteceu quando você imaginou a Zumbilândia. Você pode descrevê-la em poucas palavras? Talvez tenha se sentido abatido, apavorado, prostrado ou com o estresse aumentando. E, então, pergunte a si mesmo o que aconteceu enquanto imaginava Vitalidadelândia. Descreva como foi. Talvez desacelerando ou sentindo-se conectado ou energizado ou revigorado. E talvez você também tenha tido uma sensação de perda, tristeza e arrependimento. Isso é muito particular, e qualquer coisa que você tenha percebido está bem. Não há como estar errado nisso.

Você está pronto para a grande revelação?

Se conseguiu experimentar Zumbilândia e Vitalidadelândia como diferentes, então você mudou. E veja só, *você mudou apenas lendo algumas palavras impressas em uma página*. Mesmo que tenha sido apenas um pouquinho, *você mudou*, e ainda assim nada mudou no mundo físico ao seu redor. Você estava lendo este livro. Você não conseguiu um emprego melhor ou uma nova vida. Nem uma única coisa fora de você mudou. Esse ponto é importante porque é a primeira chave para libertá-lo da luta inútil e criar mudanças. A mudança vem de dentro.

> O que faz sua vida parecer estagnada, como se você vivesse em Zumbilândia? É tentar agradar a todos e fazer tudo, medo da incerteza, evitar o fracasso, não saber como mudar ou outra coisa?

A AFIRMAÇÃO DE VALORES APROVEITA A ENERGIA VITAL

A ciência mostra que você pode mudar sua vida pensando primeiro no que valoriza.[2] Essa foi a nossa motivação por trás do exercício Zumbilândia e Vitalidadelândia: dar o pontapé inicial no seu pensamento.

A afirmação de valores — falar ou escrever sobre o que importa — leva a ações valorizadas. Por exemplo, quando os pesquisadores pediram aos alunos que escrevessem sobre valores, eles melhoraram suas notas e médias gerais e até fizeram mais aulas, enquanto o estabelecimento de metas por si só não os ajudou.[3] Em outro estudo duplo-cego randomizado, estudantes afro-americanos de famílias de baixa a média renda escreveram sobre seus valores pessoais e suas notas melhoraram em uma média de 30%.[4] Isso vai além: pesquisas mostram que, se as pessoas mantiverem seus valores em mente, podem suportar a dor por mais tempo[5] e persistir em tarefas desafiadoras.[6] Energia valorizada não parece algo de que você precisa? É uma maneira de melhorar seu desempenho, alcançar seus objetivos, gerenciar seus desafios e desenvolver a vida que você realmente deseja.

Você já deu o primeiro passo, pensando no que é importante para você hoje. Claro, haverá desafios e ficará difícil, mas, por enquanto, veja se você pode permanecer conosco. Prometemos que, quando você tiver lido os primeiros quatro capítulos deste livro, a mudança parecerá muito mais fácil. Por enquanto, saiba disto:

o primeiro passo significa entender seu superpoder humano — esta é a sua mente — e como você pode mudar seu mundo colocando sua energia na afirmação daquilo que valoriza. Quando você enfrentar incertezas ou mudanças indesejadas, torne-se um valorizador. Escreva sobre o que deseja. Permita-se sonhar.

ENCONTRE O SEU VALOR

Sintonizar-se com a vitalidade a cada dia é o primeiro passo para enfrentar a mudança, como fizemos anteriormente. E então, à medida que avança, você irá aprender a usar pequenos momentos cruciais para criar uma ação valorizada. Você pode usar seus valores e sua vitalidade para gerar uma sensação de propósito em sua vida. Você aumentará a consciência do que importa em seu coração e vai usar isso para sair da cama, encarar desafios difíceis e seguir em frente com um propósito.

Seguir em direção aos valores mudou nossas vidas e as vidas das pessoas que atendemos. Isso vai mudar a sua também. Veja o exemplo de Louise, que mostra como os valores podem mudar as pessoas.

> Eu morava em Katmandu, no Nepal, quando ocorreu uma série de terremotos. A experiência foi aterrorizante, mas os efeitos posteriores mudaram a minha vida e continuam me motivando com um propósito valorizado.
>
> Uma ação valorizada aconteceu em um dia quente de monção, algumas semanas depois do terremoto. Eu estava sentada no minúsculo apartamento de um quarto. Sobrecarregada. Desesperada. Uma pequena parte de mim queria sair do país, fugir. Mas minha família nepalesa não poderia fugir para um país mais seguro como eu. Eu os vi trabalhando duro para remover os escombros e reconstruir.
>
> "Faça mais", ruminei. "Não foi por nada que você quase morreu."
>
> Eu queria ser enfermeira ou construtora, algo mais prático. Meu discurso nepalês desajeitado me deixou frustrantemente inútil.
>
> Meu coração estava pesado enquanto eu pensava sem parar.
>
> Então, surgiu uma possibilidade. Eu ensino meditação *mindfulness*, e meu parceiro Sherpa guia pessoas nas montanhas do Himalaia. Será que essas duas coisas combinariam?
>
> "Vamos levar profissionais para as montanhas em viagens de *mindfulness* para podermos arrecadar dinheiro para nossas comunidades locais", eu disse a ele. Eu estava cansada e impotente, mas naquele momento estava cheia de energia.
>
> Comecei com um pequeno passo. Apenas um simples *e-mail* para minha rede de contatos: "Venha para o Himalaia conosco para ajudar na reconstrução. Ajude-nos a doar para crianças e aldeões. Todos os lucros irão para eles".

Aquele primeiro passo foi como escalar o Monte Everest, mas não foi tecnicamente difícil. DIGITAR *E-MAIL*. PRESSIONAR ENVIAR. Os primeiros passos parecem gigantescos no momento.

Cinco pessoas da minha rede disseram que sim. Eu não conhecia nenhuma delas pessoalmente, e mesmo assim elas estavam dispostas a vir para o Himalaia. Aquilo me apavorou. E se elas odiassem ou ficassem doentes ou se ferissem? E se, a maior preocupação de todas, outro terremoto nos matasse na caminhada? E, assim, avançava meu pânico. Mas meu valor importava mais do que meu pânico. Eu queria ajudar minha família nepalesa e eu esperava que arrecadar alguns fundos pudesse ajudá-los na reconstrução.

Um pequeno passo levou a outro. Essa primeira viagem levou a outra.

Desde então, essas viagens criaram parcerias em comunidades carentes, reconstruíram escolas, ajudaram crianças com educação e contribuíram com postos de saúde. As pessoas que nos acompanharam também encontraram um propósito para suas vidas. E, no entanto, se uma pessoa tivesse previsto esse resultado, eu a teria considerado tola.

Mesmo sentindo muito medo e dúvida, continuei escutando meu coração. Isso também é o que seu valorizador exige de você.

Escutar.

E, então, começar dando pequenos passos.

Assim, agora, queremos passar a bola para você. Talvez você ainda não compreenda com o que se importa neste ponto em nosso livro. E tudo bem. Mas pedimos que abra seu coração e ouça o seu valorizador. Escute seu coração enquanto lê este livro. Continue escutando e nunca pare. Não se preocupe se ainda não souber o que quer. Confie que a escuta vai desencadear a mudança.

> **O que você deseja?**
> Se algum dia no futuro você olhasse para trás e sua vida tivesse tido um propósito, se você tivesse vivido com todo o seu coração, que tipo de pessoa seria nesta sua vida preciosa...
> - nos relacionamentos?
> - no trabalho?
> - na comunidade?
> - no profundo cuidado consigo mesmo e com os outros?

COLOQUE SUA ENERGIA EM MOMENTOS VITAIS E EM AÇÕES VALORIZADAS

Agora você olhou para sua vida através das lentes da vitalidade, perguntando: *O que me dá energia todos os dias?* Então, você mergulhou fundo no valor, perguntando: *O que importa em meu coração e o que faz a vida valer a pena?* Com o tempo, você vai elaborar as respostas para ambas as perguntas por si mesmo. Mas e depois? Você deverá começar a agir. Ações valorizadas podem parecer algo arriscado. Saiba que isso é uma parte normal da valorização. Quanto mais você valoriza ou se importa com algo, mais teme perdê-lo. Vejamos o que acontece com os três autores deste livro quando pensamos em realizar uma ação valorizada:

Louise: Ai. "Comece a agir." Dói só de pensar nisso. Eu imediatamente fico negativa e prevejo que não vou agir.

Joseph: Eu sinto medo. Imediatamente. Tenho medo de cometer um grande erro em meu trabalho; se praticar alguma ação valorizada, posso perder tudo. Vou acabar sozinho, como na adolescência.

Ann: Eu valorizo estar mais presente, mas quando penso em agir fico com medo de que algo ruim aconteça porque não estou prevenida.

Talvez você não queira arriscar valorizar algo e se decepcionar, cometer um erro ou perder o controle. Talvez tenha passado por alguma mudança indesejada no passado ou tenha tido dificuldade para atender às suas necessidades e não queira ter mais decepções e mágoas. Mas pergunte a si mesmo: você deseja uma vida centrada em evitar se machucar? Ou quer a sua melhor vida? Você a quer mesmo que às vezes possa falhar? Se a sua resposta foi "Sim, estou disposto a correr o risco de viver de acordo com o que valorizo", então você já deu um passo.

> A melhor coisa a respeito de seus valores é que eles se tornam uma fonte de energia que você sempre pode acessar, não importa quantas vezes você deixe de agir ou aja de uma forma que não corresponda à pessoa que você quer ser.

Digamos que hoje você não agiu de uma forma que promova a sua saúde. Você ainda pode se voltar para o valor neste exato momento e optar por valorizar sua saúde. Você pode dizer: "Minha próxima refeição será saudável". E se hoje você falhasse em um desafio: sua entrevista de emprego não foi muito bem?

Isso não anula sua capacidade de enfrentar desafios. Você sempre pode se comprometer novamente a encontrar desafios significativos dizendo: "Vou trabalhar em minhas habilidades de entrevista e me candidatar novamente". Seus valores estão sempre à sua disposição, sempre presentes para ajudá-lo a se comprometer novamente.

Uma das maiores barreiras à ação valorizada é a noção de que você deve estar motivado e energizado para agir. Isso implica que você deva esperar até ter mais energia para começar a se engajar em ações valorizadas. Não há necessidade de esperar. Seus valores têm energia suficiente para mantê-lo em movimento. Muitas vezes, as pessoas veem a energia como um recurso limitado, como uma bateria. Quanto mais você fizer, mais eletricidade terá usado e mais fraca ficará sua bateria. Com essa forma de pensar, a única maneira de superar um estado de exaustão é descansar e recarregar a bateria. Mas e se a ideia da bateria estiver errada? E se a chave para a vitalidade não for fazer menos atividades, e sim mais atividades do tipo certo?

Vamos mudar nossa metáfora da bateria para a de um moinho de vento. O vento é energia infinita. A ação valorizada cria energia, assim como um moinho de vento cria energia a partir do vento. Um moinho de vento não gera energia *em repouso* dentro de um prédio sem vento. Ele deve estar no mundo, interagindo com ele. Você também. O mundo é cheio de energia, apenas esperando que você a receba. Por exemplo, algumas pessoas aumentam sua energia quando compartilham uma refeição com amigos, praticam atividade física, fazem um passeio na natureza, constroem algo, brincam com uma criança ou criam música. Pode valer a pena parar para pensar quais das ações que você pratica lhe trazem energia em vez de drená-la. Se realizar ações valorizadas como essas todos os dias, por menores que sejam, você será abastecido de energia.

Você vai deixar seus valores guiá-lo e essa energia abastecê-lo?

- Se respondeu sim, então você deu seu primeiro passo de ação.
- Se respondeu não, continue lendo. Esperamos que você encontre o seu sim nestas páginas.

PRATICANDO VALOR E VITALIDADE A CADA DIA

Ao final de cada capítulo, apresentaremos um breve resumo dos principais passos que você pode seguir para começar a usar suas habilidades e se fortalecer. Estes são os passos que você pode considerar para se envolver mais com seu valorizador:

A cada dia, pergunte-se:

- Como posso usar minha energia hoje para criar momentos vitais?
- Como posso usar minha energia hoje para favorecer o que realmente importa para mim?

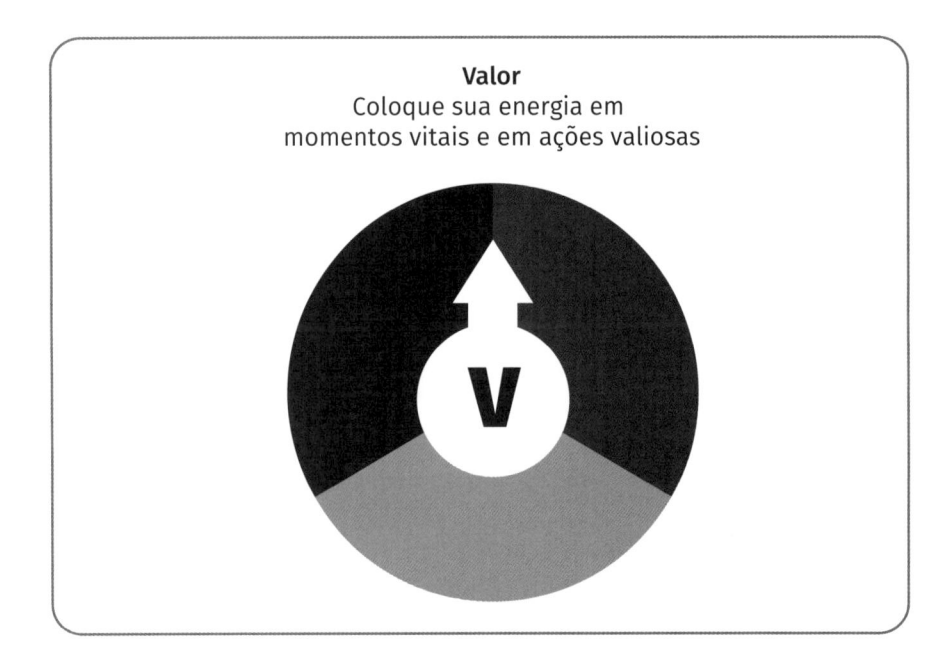

Valor
Coloque sua energia em momentos vitais e em ações valiosas

2

Conselheiro:
o torna eficiente

Pensar demais vai acabar com você;
pensar pouco acarretará erros;
encontre o meio-termo.

Chamamos sua voz interior de conselheiro porque ela é uma capacidade dominante em nossas vidas. E pode ser tão forte que pode impedi-lo de descobrir coisas novas ou perceber suas experiências. Você se torna *perdido em pensamentos*.

Aqui você vai aprender a treinar seu conselheiro, a usá-lo com eficiência e a abrir mão de pensar em demasia. Pensar pode ser uma maneira poderosa de mudar a si mesmo, mas também uma maneira poderosa de se aprisionar. Por pensamento, queremos dizer todas as maneiras pelas quais você usa as palavras para avaliar, resolver problemas, motivar-se e dar sentido às coisas.[1] Quando surgem mudanças indesejadas na sua vida, você pode sentir que nada faz sentido. É quando começa a pensar. *Por que é que isso aconteceu comigo? O que eu fiz errado? Posso consertar as coisas?*

É difícil falar sobre o pensar. Como usamos palavras para falar sobre como usar palavras? Para facilitar as coisas, usamos a metáfora do conselheiro. O conselheiro é como uma pequena versão de você sentado em seu ombro, constantemente sugerindo o que você deveria fazer. Os conselheiros costumam dizer coisas úteis, como *Você pode superar isso*, mas também coisas inúteis, como *Você não consegue lidar com isso*. Se você fizer uma pausa agora e apenas parar de ler, ouvirá seu conselheiro. Tente isso por alguns segundos: faça uma pausa, não faça nada além de respirar e ouça qualquer diálogo que surja em sua cabeça. Certo, agora você já sabe o que queremos dizer com conselheiro.

Utilizando a metáfora do conselheiro, transmitimos rapidamente duas coisas sobre o pensar. Primeiro, seu conselheiro parece ter vida própria, sua própria energia e propósito. Você já sentiu que não conseguia parar de pensar em alguma coisa? Isso ilustra que você não está totalmente no controle de seu conselheiro, embora provavelmente já tenha tentado estar. Você não pode silenciá-lo, forçá-lo a dizer o que quiser ou expulsá-lo de sua cabeça. No entanto, pode fazer as pazes com ele. E, então, pode concentrar sua energia em lutar por valor, em vez de lutar para que seu conselheiro diga as coisas *certas*. Em segundo lugar, você leva seu conselheiro em sua cabeça aonde quer que vá. Isso significa que, mesmo quando ele diz coisas inúteis como *Você não pode mudar seu jeito de fazer as coisas*, você ainda pode mudar as coisas por meio de suas ações. Você não controla seu conselheiro, mas se souber como ele funciona, pode ser o mestre dele.

NÃO SE OPONHA NEM DISCUTA COM SEU CONSELHEIRO, TREINE-O E ELE PODE TRABALHAR POR VOCÊ.

DOMINANDO SEU CONSELHEIRO

Ensinaremos você a dominar seu conselheiro em três etapas. Primeiro, você vai aprender a vê-lo e conhecê-lo. Depois, vai aprender a redirecioná-lo. E então, vai aprender a governá-lo. Pratique todos os três passos e você terá um aliado que o ajudará a crescer por meio da mudança, em vez de ser um inimigo dela.

Primeiro passo: Conheça-o

Você vai passar o resto de sua vida com seu conselheiro. Imagine isso. Sua voz interior estará presente, falando com você durante toda a sua vida. Considere desta forma: se alguém fosse se mudar para a sua casa para sempre, você teria que conhecer essa pessoa, certo? Então, vamos conhecer o seu conselheiro e como ele entrou na sua vida. Quanto mais você entender seu conselheiro, mais o usará de forma eficiente ao enfrentar incertezas.

Quando era uma criança de um ano, você não tinha conselheiro. Ou seja, ainda não tinha linguagem. Você entendia o mundo por meio de seus sentidos. Palavras como *mãe, pai, sol* e *grama* eram apenas sons sem sentido. Elas poderiam ter sido quaisquer sons, como *morfe, blordo* e *distruca*. Quando via o sol, você não o nomeava como *sol*, apenas o observava como uma bola laranja que parecia quente. Nessa idade maravilhosa, você vivia sem seu conselheiro, e era um tempo de pura consciência. Esse tempo não duraria muito.

À medida que você foi crescendo, as pessoas ao seu redor foram repetindo palavras como *mãe, pai, sol* e *grama*. Logo você aprendeu a formar palavras também. E, assim, aprendeu a fazer avaliações: *A grama é um verde agradável. A grama dá coceira.* Então, vieram as previsões: *Não vou ficar contente se a grama me der coceira.* Então, enquanto a importância da conexão social aumentava no meio da infância, você desenvolveu comparações: *Eu sou mais fraco que ele? E se meus pais descobrirem que eu peguei o chocolate? Aquelas meninas estão tirando sarro de mim?* Você pode ver como formou sua própria voz interna, ou conselheiro. Com o tempo, aconselhar a si próprio se tornou algo tão habitual que você mal percebia sua presença.[2]

E agora aqui está você, com décadas de prática linguística e um fluxo constante de diálogo interno sobre você, os outros e o mundo. Hoje, você provavelmente nem consegue imaginar como seria viver sem suas narrativas internas. Quando criança, você podia cantar desafinado e não ser autocrítico; agora, parece que a única coisa que faz é julgar a si mesmo por cada deslize. Você provavelmente nunca parou para se perguntar: *Ouvir meu conselheiro está tornando minha vida melhor ou pior?*

É hora de fazer essa pergunta.

Veja quando seu conselheiro é útil

A principal razão pela qual todos temos um conselheiro é que ele nos ajuda a evitar erros. É uma ferramenta desenvolvida ao longo de milênios para nos ajudar a sobreviver. Precisamos evitar erros que possam influenciar nossa segurança futura. Por exemplo, imagine que lhe demos conselhos como: "Não se aproxime daquele arbusto, há uma cobra mortal ali". Agora, quando você chega perto do mato, seu conselheiro grita *Cuidado*, e você sente medo. Observe como você não precisou ser mordido pela cobra para aprender a evitá-la. Nosso conselheiro e o seu conselheiro o salvaram.

Veja um exemplo de local de trabalho. Imagine que seu colega de trabalho, Bill, passa muito tempo conversando com você na noite de sexta-feira durante os drinques depois do expediente. Você gosta bastante de Bill. Quando ele sugere dividir um táxi para casa, você fica com vontade de aceitar, mas se lembra de um comentário que sua amiga Duska fez sobre Bill; ela disse que ele a fez se sentir um pouco *nojenta*. Agora, lembrando-se dessas palavras, seu conselheiro diz: *Cuidado*. É perigoso. Você sente medo de entrar no táxi com Bill e decide recusar. Depois, na semana seguinte, você fica sabendo que Bill foi acusado de estupro qualificado. Sua voz interna, seu conselheiro, mostrou-lhe o caminho da segurança.

> Seu conselheiro faz com que a ameaça pareça presente em sua mente para que você evite riscos no mundo real.

Há algo importante a observar aqui. O conselheiro fez o perigo *parecer* presente. Não apenas cognitivamente; ele também fez você sentir medo em seu corpo. Você sentiu medo de Bill antes de ter qualquer experiência ruim com ele. Essa é uma habilidade de sobrevivência fantástica. O conselheiro é proativo com seus conselhos. Ele não fica esperando educadamente você pedir conselhos. Ele lhe dá conselhos, quer você queira ou não. Isso porque sua tarefa é detectar ameaças antes que você se machuque. É uma sentinela. Sua principal função é mantê-lo seguro, não o fazer feliz.[3] Com relação a Bill, ele manteve você seguro.

> Seu conselheiro está sempre atento aos problemas,
> como uma sentinela sempre alerta.

Talvez a melhor parte do seu conselheiro seja sua capacidade de aprender com os outros, assim como aprendeu com Duska sobre Bill. Seu conselheiro também pode aprender a partir de cientistas, historiadores, filósofos e sábios que viveram milhares de anos atrás. O aprendizado não se restringe ao que você vivencia em primeira mão. Seu conselheiro permite que você fique sobre os ombros de gigantes e o livra de ter de aprender com a experiência direta a cada vez.

Seu conselheiro parece um parceiro fabuloso, certo? Que sorte você tem!

Porém... (Você sabia que haveria um *porém*, não sabia?)

Veja quando o seu conselheiro não está ajudando

Para entender o lado negativo do seu conselheiro, você precisa entender o que o torna exclusivamente humano. Tanto os seres humanos quanto os animais têm um sistema biológico que os ajuda a detectar ameaças. Ambos respondem com medo a algo que desliza pela grama. Mas, ao contrário dos animais, os humanos vão um passo adiante. Eles podem responder a ameaças que estão apenas em suas cabeças.

> Seu conselheiro faz os monstros parecerem presentes,
> mas e se não houver monstros?

Imagine que você tem uma briga terrível com alguém chamado Samir. Enquanto está voltando para casa, você ainda visualiza a briga e ferve de raiva. É como se Samir estivesse sentado bem ao seu lado. Esse é o seu conselheiro em ação. Então, você chega em casa e seu parceiro preparou uma bela refeição, mas você não vê porque seu conselheiro colocou um Samir virtual ao seu lado enquanto tenta descobrir o que deveria ter dito em cada momento. Quando vão se deitar, seu parceiro o espera em um clima sensual, mas você não tem tempo para sedução. Em vez disso, se espreme na cama com seu parceiro de um lado e o Samir virtual do outro. Essa noite, você vai discutir com Samir em sua cabeça, em vez de fazer amor.

Os animais não vivem em suas cabeças nem têm um conselheiro verbal.[4] Eles respondem a ameaças no momento — quando elas se fazem fisicamente presentes. Os animais vivem no presente, mas nós, seres humanos, estamos sempre lutando contra monstros mentais em nossos mundos mentais. Ruminamos sobre todos os erros que cometemos no passado, ficamos aflitos com todos os erros que cometeremos no futuro, nos criticamos por cada imperfeição que imaginamos ter e criticamos os outros por suas imperfeições imaginárias. Cada uma dessas atividades do conselheiro traz novas emoções negativas e mais situações mentais. Enquanto isso, o mundo tangível se torna invisível. Todos os humanos podem se perder no mundo imaginário do conselheiro.

Estar preso em um mundo mental não seria tão ruim se esse mundo fosse feito de unicórnios e algodão doce. Infelizmente, para os humanos, os mundos imaginários podem ser bastante negativos. É fácil ilustrar esse ponto. Imagine quatro pessoas dizendo algo positivo sobre você e uma pessoa fazendo alguma crítica. Você irá se concentrar nos comentários positivos ou na crítica? Na crítica, não é? Esse é o seu conselheiro mantendo a guarda para coisas negativas. Se um colega de trabalho é gentil com você por quatro dias, mas rude no quinto dia, você provavelmente irá se concentrar no comportamento rude. Lembre-se: o objetivo principal do conselheiro é mantê-lo seguro e detectar ameaças, não fazê-lo feliz. Isso significa que ele tem um viés para o negativo.[5]

> Se você às vezes pensa negativamente, isso não o torna uma pessoa negativa. Isso faz de você uma pessoa normal.

Agora que sabe um pouco sobre as vantagens e desvantagens de seu conselheiro, você pode vê-lo em ação. Você estará pronto para tomar cuidado com padrões de pensamento infrutíferos. Algum dos seguintes padrões lhe parece familiar?

- *Ruminar sobre o passado*. Você pensa repetidamente sobre como as coisas costumavam ser? Você se concentra em arrependimento e vergonha ou gostaria que as coisas fossem diferentes?
- *Preocupar-se com o futuro*. Você pensa sobre como as mudanças em sua vida trarão problemas no futuro? Você tenta fazer com que todos os futuros perigos desapareçam?
- *Criticar a si mesmo*. Você costuma criticar a si mesmo ou tentar descobrir o que há de errado com você?
- *Criticar os outros*. Você costuma criticar os outros ou se ressentir sobre eles? Você se vê preso em culpar os outros?

- ***Dar desculpas.*** Você às vezes arranja desculpas para justificar não poder fazer alguma coisa, como, por exemplo, *Não tenho tempo suficiente* ou *Não me sinto motivado?*
- ***Autossabotar-se.*** Você costuma ter pensamentos que atrapalham, como *Não sou capaz de fazer isso, Ninguém nunca vai me amar* ou *A vida não tem remédio?*

Ficar aprisionado dentro de sua cabeça e não fazer nenhum progresso em um problema é um sinal claro de que o conselheiro não está ajudando. Talvez seja hora de tentar outra coisa.

- Que tipo de pensamento o deixa mais travado agora? É algo relacionado ao seu trabalho, aos amigos, à família, ao futuro ou ao passado?
- Você percebe quando seu pensamento se torna inútil? É quando você passa muito tempo dentro da sua cabeça enquanto a vida continua ao seu redor.

Segundo passo: Redirecione-o, em vez de resistir a ele

Se você reconhece quando está dando conselhos inúteis a si mesmo, isso se torna um sinal para redirecionar seu conselheiro. Obviamente, você não pode expulsar seu conselheiro de sua cabeça. Talvez você pense que pode lutar contra ele e tentar convencê-lo a ser mais positivo.

Como é a resistência:

Conselheiro: Nunca vou encontrar alguém que goste de mim o suficiente para ficar comigo.

Você: Não, você vai encontrar alguém. Continue tentando.

Conselheiro: Mas nunca tive um relacionamento bem-sucedido. Nunca.

Você: Continue tentando. Não desista.

Conselheiro: Se eu continuar tentando, posso me expor a mais rejeições...

Isso soa como ficar dando voltas no seu cérebro e não chegar a lugar algum? Você e seu conselheiro estão oscilando entre ideias opostas. Você raramente vencerá essa luta. Infelizmente, nem sempre você consegue convencer seu conselheiro a lhe dizer coisas úteis.[6]

Então, se discutir não funciona, talvez você possa simplesmente desligar seu conselheiro de alguma forma? Isso normalmente significa se distrair nas redes sociais, assistir à televisão compulsivamente, consumir bebidas alcoólicas ou forçar-se a pensar positivamente e não sobre o problema. Essas estratégias podem fazer você se sentir bem no curto prazo, mas geralmente saem pela culatra e fazem você se sentir pior em longo prazo.[7] Pergunte a si mesmo se isso é verdade a partir de sua experiência. Se essas estratégias não saíssem pela culatra, muitas vezes você não ficaria preso pensando demais, certo? Por mais que você tente se distrair, seu conselheiro ainda está lá, dentro da sua cabeça, esperando e observando.

Você não pode desativar seu conselheiro porque ele o protege, mas pode redirecioná-lo. Você faz isso aproveitando um fato simples: seu conselheiro não é seu chefe. Ele vive dentro da sua cabeça. Você o carrega e leva consigo aonde quer que vá, e isso significa que você controla suas mãos, seus pés e seu coração com pleno propósito. Aja mesmo quando seu conselheiro disser não. Ouça o seu valorizador e aja com base no que importa.[8]

Pare de tentar consertar tudo com seu conselheiro

Pense em uma vez em que duvidou de si mesmo e mesmo assim conseguiu fazer alguma coisa; é assim que você pratica estar no comando. Isso mostra que você foi capaz de ter um conselheiro que não estava ajudando *e* mesmo assim agiu de forma eficaz. A palavra *e* na última frase é a chave para entender a arte do redirecionamento: seu conselheiro não precisa impedi-lo de fazer coisas úteis em sua vida quando não está ajudando. As frases a seguir fornecem algumas ilustrações sobre como usar essa prática.

Seu conselheiro diz	E	Você faz o que é importante para você
Não posso mudar.	E	Você se inscreve em um curso *on-line* para aprender algo novo.
Eu nunca vou encontrar o amor.	E	Você se une a um grupo de qualquer maneira, em que talvez conheça alguém de quem goste.
As coisas nunca vão melhorar.	E	Você faz pequenas coisas para cuidar de si mesmo e tornar a vida melhor.
Estou muito cansado para me exercitar.	E	Você usa suas mãos e seus pés para se exercitar.
Não tenho tempo para fazer algo importante.	E	Você reserva um tempo e faz o que precisa.

| Se o seu conselheiro não ajudar, leve-o em uma nova direção.

Veja o exemplo de como o redirecionamento funcionou para Joseph quando ele enfrentou adversidades. Enquanto você lê, preste atenção aos passos do conselheiro dele. Você também vai querer vincular este exemplo às maneiras pelas quais você também fica preso. Ao final do exemplo, nós o ajudaremos a pensar nos passos que pode tentar para o seu próprio redirecionamento com o problema que enfrenta.

A empresa em que trabalho estava demitindo e eu me sentia sob constante ameaça. Minha conversa interna era alta: "Vou perder meu emprego? Se eu for demitido, as pessoas vão me ver como fraco? Será que algum dia conseguirei um bom emprego de novo?".

A alta administração redefiniu meu trabalho de pesquisa como irrelevante e uma despesa desnecessária. Meus colegas sabiam que eu era alvo de demissão, então meu conselheiro começou a focar neles como se fossem uma ameaça. Eu dizia a mim mesmo: "Será que todos se acham melhores do que eu? Eles estão me julgando?". Quanto mais eu pensava assim, mais preso ficava. Não recorri a ninguém em busca de ajuda; eu apenas pensava muito.

Meu conselheiro trabalhava e trabalhava. Ele questionava: "O que eu preciso fazer para obter o respeito das pessoas? E se eu perder meu emprego hoje?". Ele culpava: "As pessoas não têm o direito de me desprezar. O que elas sabem, afinal? Elas que se danem". Ele previa o futuro: "Estou em perigo. Preciso fugir agora, ou vão destruir minha alma".

Não cheguei a lugar algum e criei cada vez mais estresse e noites de insônia. Depois de meses investindo minha energia em meu conselheiro, tudo que eu consegui foi ressentimento e uma forte dor abdominal. Obrigado, conselheiro! Minha vida ficou mais pesada. Algo tinha que mudar. Com o passar do tempo, eu vi o que estava fazendo e comecei a redirecionar minha energia.

Redirecionamento 1. Meu conselheiro dizia: "Nada vai ajudar", mas eu não deixava que isso me dominasse. Eu tinha pensamentos negativos *e* mesmo assim decidi tentar algo diferente. Eu me abri com meus colegas; achei que isso poderia ajudar. Descobri que eles se sentiam tão impotentes quanto eu, então nada mudou externamente, mas ao menos eu sabia que não estava mais sozinho.

Meu conselheiro dizia: "Nada vai adiantar" *e* eu tentei algo novo.

Meu conselheiro aprendeu: Outras pessoas estavam em uma situação semelhante à minha.

Redirecionamento 2. Meu conselheiro também estava me dizendo que as pessoas estavam me julgando. Eu suspeitava estar vendo ameaças em toda parte e que deveria testar para ver se eram imagens verdadeiras ou falsas das pessoas. Então, eu fiz o oposto do que queria fazer. Meu conselheiro dizia: "Não confie nas pessoas", e mesmo assim eu diminuía o ritmo e me envolvia positivamente com as pessoas. Comecei a conversar com elas sobre coisas não relacionadas ao trabalho: "Olá, como você está se sentindo hoje? Nossa, sua filha marcou dois gols. Isso é impressionante". Uma vez que escolhia o redirecionamento, minha vitalidade começava a voltar. Meu conselheiro não me prendia mais.

Meu conselheiro dizia: "Não confie nas pessoas" *e* mesmo assim eu me envolvia com as pessoas.

Meu conselheiro aprendeu: Meus colegas não estavam constantemente me julgando ou não gostando de mim.

Redirecionamento 3. Eu queria aumentar minhas atividades de autocuidado em resposta ao estresse, mas meu conselheiro dizia: "Você não tem tempo para isso. Você vai perder o emprego se ficar para trás no trabalho". Ainda assim, eu sabia que precisava controlar meu estresse ou iria me esgotar. Então, mais uma vez, testei meu conselho. Eu levava meu conselheiro comigo enquanto ele repetia pensamentos negativos *e* aumentava a quantidade de exercícios, leitura e música. Para minha surpresa, descobri que fazer essas coisas extras não me custava tempo no trabalho. Na verdade, eu tinha mais energia para trabalhar.

Meu conselheiro dizia: "Você não tem tempo para exercícios" e mesmo assim eu pratiquei exercícios.

Meu conselheiro aprendeu: O exercício me deu mais energia no trabalho.

Redirecionar significa treinar sua mente para que ela trabalhe a seu favor. Você treina seu conselheiro reunindo novas experiências.

Pratique um redirecionamento agora	
Escolha uma afirmação específica na qual você está travado. O pensamento travado é mais ou menos assim: *Eu não tenho tempo. Não posso mudar. Não sou tão bom assim.*	*Exemplo:* Minhas ações são muito pequenas para fazer diferença para uma vida sustentável.
Redirecione-o com "e". Pegue a afirmação em que você está travado e adicione uma nova ação.	*Exemplo:* Minhas ações são muito pequenas para fazer a diferença para uma vida sustentável *e* eu vou buscar maneiras de influenciar meus grupos comunitários.
Tudo bem se você não sentir mudanças enquanto lê. A mudança é uma experiência vivida; ela acontece quando você leva seu conselheiro de uma nova maneira e tenta um redirecionamento. Dê a si mesmo uma chance de aprender por meio da prática.	

Terceiro passo: Governe-o

As duas primeiras etapas levam naturalmente à terceira. Se puder perceber quando seu conselheiro não está ajudando e redirecioná-lo, você irá se desenvolver e mudar. Este passo final consiste em colocar seu aprendizado em novas *regras práticas*. Chamamos de *regras práticas* porque elas devem ser flexíveis, em vez de mandamentos rígidos. Os conselheiros tendem a criar regras autônomas que são inflexíveis. Você ouvirá frases fechadas como *não posso* ou *tenho que*. A de Joseph era: *Não consigo superar isso.* Você retreina seu conselheiro criando novas regras que se abrem, que incluem alguma possibilidade, como *poderia* ou *talvez.* Joseph tentou: *Talvez eu supere isso.* (E superou.)

Você pode pensar em novas regras como conversas internas que usa para guiar experiências ou etapas de ação ou apenas para inspirá-lo e mantê-lo em movimento. Entretanto, lembre-se de que, quando se trata de seu conselheiro, as regras sempre precisam ser testadas para verificar se são úteis. Os exemplos a seguir mostram como podem ser algumas novas regras do conselheiro.

Seu conselheiro fecha a vida	Você o governa criando regras abertas
Preciso superar todos os problemas para viver.	A vida tem problemas; me redirecionar para uma ação valorizada é algo que posso fazer imediatamente.
Não vai dar certo.	Posso confiar no processo.
Eu *nunca* vou conseguir fazer isso.	Posso reservar um tempo e começar.
Não consigo me motivar.	Vou persistir, mesmo quando não me sentir motivado.
Eu *não* posso cuidar de mim.	Eu posso cuidar de mim da mesma forma que cuidaria de um ente querido.
Eu *preciso* que gostem de mim.	Não posso fazer com que todos gostem de mim.

Crie uma nova regra para você e veja como funciona	
Pense em uma declaração fixa que você muitas vezes faz quando enfrenta dificuldades, aquela que tem um fraseado bloqueado, com expressões como *não posso*, *não vou*, *deveria* ou *tenho que*.	*Exemplo:* Eu *não* consigo mudar meu estilo de trabalho desorganizado.
Agora, abra a regra para uma que tenha alguma possibilidade. Use palavras como *tentar*, *talvez*, *poderia* ou *quem sabe*.	*Exemplo:* Posso *tentar* praticar novas técnicas de organização.

PRATICANDO A EFICIÊNCIA COM SEU CONSELHEIRO

A seguir estão as principais etapas que você pode seguir para começar a treinar seu conselheiro para uma conversa interna mais útil. Lembre-se: seu conselheiro é mais bem usado para ajudá-lo a construir sua vida de maneiras significativas. Ele é inútil quando você está preso a ele, pensando demais ou sendo rígido.

Você verá que adicionamos *Conselheiro (Advisor)* à imagem das principais etapas do capítulo anterior. Agora você pode praticar essas duas habilidades. Faça um lembrete para si mesmo afixando a imagem na porta da geladeira ou tirando uma foto dela com seu telefone.

Valor
Coloque sua energia em momentos vitais e em ações valiosas

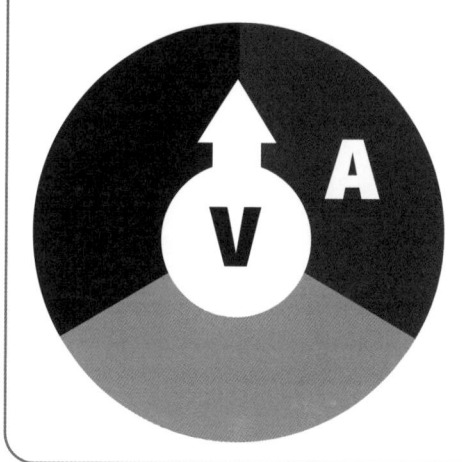

Conselheiro (*Advisor*)
1. Perceba
2. Redirecione (não resista)
3. Governe (com regras práticas)

3

Observador:
fortalece sua consciência

A sabedoria vem tanto do corpo quanto da mente.

O capítulo anterior mostrou como usar seu conselheiro e como reconhecer quando sua conversa interna não ajuda, por exemplo, quando você está pensando ou se preocupando demais. As palavras importam, mas seu conselheiro não é sua única fonte de força. Aqui, mostraremos como adentrar em seu observador e como ele pode corresponder ao poder do seu conselheiro. Aqui, você pode incorporar a vida, percebê-la, senti-la e viver dentro dela.

Viver dentro de um corpo faz de você um instrumento sensível que recebe informações sobre o mundo por meio da combinação de visão, olfato, tato, paladar, som e sentimento. Você não pode parar ou evitar sua habilidade de *observador*. Seus cinco sentidos permitem que você detecte rapidamente o surgimento de oportunidades e ameaças. Impressões corporais fornecem informações complexas sobre mudanças desejáveis e indesejáveis em seu ambiente. Por exemplo, se você sente medo em seu corpo, pode imaginar algum perigo futuro e tomar medidas para evitar que isso aconteça. A raiva é um sinal de que alguém se comportou injustamente com você. A tristeza é um sinal de que algo ruim aconteceu e você pode precisar de apoio. A culpa diz que você fez algo que pode ser socialmente inaceitável. Emoções agradáveis avisam que seu ambiente é seguro e você pode explorar e se socializar.[1] Você entende como essas informações corporais são importantes para se adaptar às mudanças nas circunstâncias?

Se viver com nosso corpo e nossos sentidos é essencial, por que é tão difícil? Como podemos passar um dia inteiro combatendo o que sentimos ou sem perceber os sentimentos? Existe uma resposta simples: a sociedade nos ensina a controlar, desligar ou suprimir nossa habilidade de observador.

As culturas racionalistas modernas priorizaram o pensamento em detrimento do sentimento — em outras palavras, colocando seu conselheiro no comando de tudo, inclusive do seu corpo. *A mente acima da matéria*. Você aprende que o sentimento de medo deve ser evitado e, assim, seu conselheiro lhe informa: *O medo é ruim. Eu não o suporto*. Então, você procura controlar e eliminar esse tipo de sentimento. Com esse contexto de aprendizado, você pode acabar treinando seu conselheiro para avaliar cada sensação desafiadora como ruim. Pesar, culpa, ansiedade e tristeza se tornam sensações problemáticas e precisam *ser corrigidas*.

Isso nos leva a uma pergunta importante: quanto controle temos sobre nossos sentimentos? Nossa resposta baseada na ciência é: não há muito controle. Não é possível para um ser fisiológico eliminar sentimentos negativos e experimentar apenas sentimentos positivos. Isso não faz sentido para a espécie em busca de segurança que somos. As evidências respaldam essa ideia. Se você é socialmente ansioso, talvez evite situações sociais porque não quer sentir seu coração batendo rápido e a tensão em seu estômago. Contudo, evitar situações sociais apenas aumenta a tensão mais à frente.[2] Controlar a ansiedade acarreta mais ansiedade. Se você sofre de humores deprimidos, pode evitar experiências para se proteger de sentimentos de fracasso ou rejeição. Ironicamente, evitar experiências piora as coisas. Você se recupera da depressão não se esquivando, mas engajando-se na vida enquanto aceita a possibilidade de fracasso.[3] Se você tem medo de se sentir vulnerável, pode evitar a aproximação das pessoas, mas acaba eliminando as possibilidades de conexão. O amor vem da coragem de se sentir vulnerável.[4] Observe o paradoxo: suas tentativas de controlar seus sentimentos lhe dão menos e não mais controle.

> Para melhorar sua capacidade de observação, faça as pazes com seu corpo e os sentimentos que ele carrega.

Quanto tempo você passou em luta com seu corpo, tentando obter bons sentimentos enquanto desligava sentimentos desconfortáveis? Você não acha que já deu? É provável que você consiga, se continuar lutando por mais alguns anos? Com base apenas em sua própria experiência, você teria que dizer que não. Existem dezenas de estratégias de controle: procrastinar, usar substâncias, comer demais, comer de menos, preocupar-se, praticar automutilação, fazer compras, usar a mídia para se distrair, suprimir sentimentos, negar sentimentos e recusar atividades valorizadas que trazem estresse. Todas essas estratégias podem fazê-lo se sentir melhor em curto prazo, mas não em longo prazo.

Você está pronto para tentar algo diferente? Você está pronto para fazer as pazes com seu corpo e parar de tratá-lo como um objeto que precisa ser controlado? Seu conselheiro não é o chefe do seu observador. Eles são colegas e parceiros. Você pode experimentar o mundo por meio do seu corpo e também por meio da sua mente.

Neste capítulo, você aprenderá a ficar com seu observador em vez de usar seu conselheiro para resolver problemas constantemente. Aprenderá como seu observador pode expandir sua consciência e abri-lo para a aceitação. Com isso, ficará menos reativo e mais capaz de responder de forma eficaz em situações difíceis. Você vai aprender a ouvir o seu corpo enquanto ele responde às mensagens do mundo e como o uso habilidoso de seu observador o ajuda a criar a vida que deseja. Se você praticar o uso de seu observador com os exercícios apresentados aqui, aprenderá a abandonar a ideia de que os sentimentos devem ser controlados e, assim, ganhará muita vitalidade. Você também irá entender que não é preciso se controlar; em vez disso, precisa praticar a habilidade de escutar a si mesmo.

COMO SEU OBSERVADOR APRENDEU E MUDOU

Vamos explorar o que queremos dizer com observar, como isso se desenvolveu à medida que você cresceu e como você aprendeu a observar por meio de muitas experiências de mágoa, dor, amor e perda.

Você, como todos os bebês, era um observador desde o nascimento. Assim: se o seu corpo estava frio, você gritava de desconforto; se você se sentia seguro e protegido, provavelmente dormia profundamente; se alguém gritava, você chorava de medo; e se alguém fazia caretas engraçadas, você ria com prazer. Quando bebê, você não usava seu conselheiro para julgar o bem ou o mal. Você ainda não tinha um conselheiro. Sua observação foi um desdobramento da experiência. Sentimentos e sensações iam, vinham e voltavam, e você não tinha controle sobre eles. Porém, lentamente, sua capacidade de perceber mudou, e você aprendeu a não reagir imediatamente a tudo o que sentia e experimentava. As respostas dos outros o moldaram ainda mais, cada momento lhe ajudando gradualmente a usar seu corpo e seus sentidos para entender o mundo, responder a ele e comunicar aos outros o que você sentia.

Mais adiante, em sua infância, seu observador mudou tão drasticamente quanto seu corpo em crescimento. Se você cresceu em uma comunidade de observadores habilidosos, teve uma boa oportunidade de aprender estas três habilidades essenciais:

1. Seu corpo é um mensageiro.
2. Todos os seus sentimentos são aceitáveis.
3. Você pode escolher como reage aos seus sentimentos.

Crescer como um observador habilidoso significa que você via suas mensagens corporais como valorizadas. Significa que, quando criança, os outros aceitavam todos os seus sentimentos normalmente, quer fossem de tristeza, raiva, ansiedade ou frustração. Isso significa que os adultos identificavam suas emoções intensificadas como mensagens que lhe diziam alguma coisa sobre o mundo. Adultos que fossem observadores habilidosos não o puniriam por sentimentos fortes, sendo, portanto, menos provável que você internalizasse a vergonha — mesmo por um ataque de raiva furioso. Eles não diriam que você era patético quando estava com medo, ou descontrolado, quando nervoso. Você teria aprendido a rotular seus sentimentos e a praticar deixá-los ir e vir. Idealmente, você teria testemunhado adultos administrando emoções em si mesmos e os teria visto corrigirem a si próprios com compaixão — na maioria das vezes.

Infelizmente, a infância da maioria das pessoas não é assim. Existem vários pontos em que sua experiência pode ter se afastado do ideal. Sua cultura pode ter lhe ensinado que emoções fortes são inaceitáveis, que a raiva é perigosa ou que a tristeza é intolerável. Você pode ter sido instruído a controlar suas emoções fortes e esmagá-las em vez de aprender a ouvir e responder. Os adultos em sua família podem ter lutado com seus sentimentos e, assim, não puderam ensinar-lhe bem. Talvez eles tenham se isolado, atacado ou sido abusivos. Talvez tenham sofrido abuso quando crianças e não sabiam conviver com suas próprias emoções. E, é claro, seu temperamento também foi importante; ser uma criança reservada ou extrovertida mudaria a forma como as pessoas reagiam a você. Finalmente, sua comunidade exerceu influência sobre você, de modo que pode ter sofrido *bullying*, ter sido abusado ou se sentido inseguro.

Estas são as mensagens culturais que prejudicam um observador forte:

- A ansiedade é um sinal de fraqueza.
- Você deveria ser capaz de controlar o como se sente.
- Você sempre deveria se sentir positivo.
- Sentimentos negativos devem ser escondidos.
- Se você sente emoções fortes, há algo errado com você.
- Você não deveria se preocupar.
- Os sentimentos interferem na sua vida.
- Você é esquisito por se sentir assim.
- E mensagens de gênero — "não chore", "seja homem", "não seja mulherzinha", "não seja tão emotivo".

Com todo esse ensinamento, você pode achar que mudar é impossível. Não se desespere. Nunca é tarde demais.

Se você confiou no controle emocional, isso não o torna arruinado. Isso faz de você um ser humano normal que foi ensinado a guerrear consigo mesmo.

Você pode fazer as pazes consigo mesmo.

Mudar seus hábitos não é fácil, mas você pode mudar se estiver disposto a usar o seu observador de uma forma diferente. Lembre-se de que você pode se fortalecer mesmo que carregue um passado difícil. Veja o exemplo de Ann, de observar e de como ela mudou de estar com dor e desconectada de seu corpo para estar aberta e acolhendo a vida.

Quando eu era jovem, aprendi que o perigo estava em toda parte — pessoas perigosas, lugares arriscados. "Tome cuidado!" era o meu mantra. Estudei em uma escola difícil que confirmou isso. A sobrevivência social veio em primeiro lugar. E a cada ano que passava, minha ansiedade aumentava.

Os adultos ao meu redor reagiam à minha ansiedade dizendo-me para controlá-la. "Pare de se preocupar", diziam eles. "Acalme-se." Eu entendia o que eles queriam dizer; eu deveria saber controlar minha ansiedade. O problema era que eu não sabia. Era um mistério para mim. Então, quando eu me sentia ansiosa, pensava que havia algo errado comigo. Demorou anos até que eu percebesse que eram *eles* que ficavam ansiosos com a minha ansiedade, algo que não queriam sentir e, por isso, queriam afastar.

Minha resposta à luta foi declarar guerra à minha ansiedade — para provar que eu poderia superá-la. Me pressionei a fazer coisas que me assustavam.

Segui a carreira de alta pressão da arte dramática; gostei do desafio que ela me apresentava. Se eu conseguisse fazer algo mesmo estando assustada, eu superaria a ansiedade, certo? Então, eu estaria segura e poderia viver com mais facilidade. Eu esperava que minha ansiedade desaparecesse assim que enfrentasse esses medos. Mas isso não aconteceu. Eis onde eu me encontrava com meu observador:

Eu reconhecia que todos os sentimentos eram aceitáveis? Não, eu pensava que a ansiedade era um inimigo e me enfraquecia.

Eu tratava o meu corpo como um mensageiro valioso? Não, eu tratava meu corpo e a ansiedade que ele carregava como algo que eu precisava controlar, dominar ou ignorar.

Eu escolhia como responder? Não, eu estava reagindo ao meu medo fazendo algo que não valorizava.

A sobrevivência se tornou meu estilo de vida. Até que isso se desfez. Eu me sentia cansada, mas não conseguia descansar porque tinha muito a provar. Então, eu comecei a adoecer, a princípio ocasionalmente, e depois a cada duas semanas. Logo, eu ficava bem uma semana e acamada na semana seguinte, era um ciclo de exaustão. O medo e o estresse estavam me deixando doente. Mesmo assim, eu negava os meus sintomas e me recusava a ouvir meu corpo me dizendo que havia algo errado. Em vez de descansar para me recuperar, eu ficava acordada apavorada, agitada ante as próximas apresentações e atribuições. *Eu vou fracassar. As pessoas vão achar que eu sou fraca. Elas não vão querer me conhecer*, eu dizia a mim mesma.

E mesmo assim continuei.

Eu negava meu medo, ficava doente e estendia meus prazos. Eu estava desconectada do meu corpo e senso de significado. Mesmo assim, pressionava mais. Eu não queria ser a versão fraca, vulnerável e indefesa de mim mesma que eu desprezava.

Com o tempo, cansei de lutar. Eu precisava parar. Eu precisava descansar. Meu corpo estava no comando. Ele estava me forçando a ouvir.

Comecei a entrar em sintonia. *Vá mais devagar — apague a luz e durma*, meu corpo me dizia. Continuei escutando. Comecei a perceber do que eu precisava. Eu não aproveitava a minha vida nem valorizava a maioria das coisas que estavam dominando meu tempo, como tentar fazer sucesso no palco do mundo do teatro. Comecei a observar que não me importava se estranhos me aprovavam. Em vez disso, percebi que eu gostava de pequenos momentos que ninguém jamais veria ou admiraria, como conversar com minha mãe sobre coisas do dia a dia, observar meu galo de estimação espantar o cachorro e trabalhar com minha mãe no jardim, sentindo o sol e a terra quente. Esses momentos importavam. Valorizava todos esses momentos mais do que controlar meu medo. Lentamente, minha vitalidade voltou.

- Você é capaz de ouvir o seu observador e ouvir do que o seu corpo precisa?
- Você está pronto para abandonar sua batalha com seus sentimentos e, em vez disso, lutar pelo que você realmente quer?

FORTALECENDO SEU OBSERVADOR

A experiência de Ann foi longa e dolorosa, mas levou ao crescimento. É possível que você cresça também, sempre. Você pode fortalecer seu observador, seja qual for a sua história. Agora vamos lhe ensinar a desenvolver seu observador com duas etapas de ação. Você aprenderá a observar interna e externamente.

Observar internamente

Observar internamente é um passo para mudar a forma como você responde ao seu mundo interior, um passo em direção a viver a aceitação a cada momento. A pesquisa mostra que é comum desenvolver ações do observador que não ajudam, como controlar sentimentos ou desconectar-se.[5] Ann mostrou como a consciência de sua experiência interior a ajudou a se reequilibrar de uma forma que acarretou valor. A pesquisa diz que isso também pode funcionar para você.[6]

Se você fosse escrever um relato como o de Ann, mostrando de que formas acabou preso por causa de estratégias de controle fracassadas, o que diria? Alguma destas estratégias de controle lhe parece familiar?

- Distrair-se com mídia, internet, TV ou outras estratégias.
- Bloquear com álcool, drogas ou medicamentos.
- Evitar fazer coisas que pareçam desconfortáveis.
- Tentar entender tudo para não cometer erros.
- Pensar demais ou ruminar sobre as soluções.
- Machucar os outros atacando ou ficando irritado ou com raiva.
- Machucar a si próprio, talvez comendo em excesso, dormindo demais ou se automutilando.

- Trabalhar demais e se cobrar mais.
- Abandonar atividades que você costumava adorar.

Essas ações trazem alívio em curto prazo, mas não trazem felicidade, vitalidade ou vida valorizada em longo prazo. Observar internamente permite que você seja mais eficaz.[7] Isso envolve tomar posse do seu mundo interior e deixar que os sentimentos venham e vão, assim como a energia que sobe e desce. Você está pronto para praticar?

Faça as pazes com todos os sentimentos

Pense em uma ocasião cotidiana que fez você se sentir feliz, como estar na companhia de um amigo, ler um livro predileto, passear com o cachorro, etc.
- Respire.
- Coloque seu corpo em uma posição que reflita essa satisfação. Se você estava sorrindo, deixe que esse sorriso esteja em seu rosto agora.
- Observe todas as sensações internas ao refletir sobre este momento. Observe como seu corpo muda, seu rosto muda, etc.
- Nomeie: isso é felicidade. Permita que essa experiência esteja dentro de você.
- Faça uma pausa e expire. Mexa os dedos dos pés. Libere a experiência.

Agora, pense em uma ocasião recente em que você se sentiu triste ou derrotado, uma discussão com um ente querido, excesso de trabalho, despesas inesperadas.
- Coloque seu corpo na posição que reflete aquele momento de tristeza.
- Segure-o por um instante e observe todo o peso dentro de você.
- Nomeie: isso é tristeza.
- Permita que essa experiência esteja dentro de você, como fez com a felicidade.
- Agora, faça uma pausa e respire fundo novamente, fazendo um som de sopro enquanto expira. Observe o chão sob seus pés.

Essa foi uma prática de observação interna — é tecnicamente simples, mas nem sempre fácil. Você provavelmente quis se apegar à lembrança feliz e afastar a triste. Todos nós fazemos isso. No entanto, quando você afasta as experiências difíceis, há uma troca — você gasta tanta energia tentando fechar sua experiência interior que fica sem energia para viver. Se praticar permitir que seu mundo interior flua, como a energia liberada em uma tempestade, você terá mais vitalidade, relacionamentos mais fortes e menos estresse no trabalho.[8] Claro, estamos vivendo no mundo real e sabemos que estar consciente de nossas experiências internas e permitir que as emoções passem é realmente algo difícil de fazer. Lembre-se de que isso exigirá prática.

Voltar, liberar, atualizar

Volte
Você está aqui agora? Ou você está pensando, ruminando ou resolvendo problemas? Apenas observe onde você está e diga a si mesmo: *volte*.
Volte para sua respiração. Faça isso por cerca de 10 segundos.

Libere
Agora, solte-se. Deixe seus ombros livres do que eles estavam carregando. Solte os braços e sinta o peso cair. Deixe seu rosto se soltar. Observe os sentimentos em seu corpo e deixe-os ir. A cada respiração lenta, permita que seus sentimentos fluam para fora de você. Solte-os para o mundo ao seu redor. Deixe seus sentimentos fluírem por toda a paisagem. Deixe-os ir como as nuvens soltando a chuva.

Atualize
Agora, conscientize-se do quanto sua capacidade de observar é incrível. Olhe para todas as pequenas coisas ao seu redor agora... veja um objeto favorito... uma cor brilhante... uma planta... o céu. Observe como é acolher o momento. Observe que você pode obter sensações agradáveis também dentro de você: o calor do sol em sua pele, a temperatura do ar, a sensação de mexer os dedos dos pés ou afrouxar os ombros. Traga essas pequenas gentilezas para o seu corpo e deixe que elas se estabeleçam dentro de você. Esteja vivo para a sensação de renovação. Libere a experiência.

> Observe a força do seu corpo. Você é capaz de manter emoções positivas e negativas conforme elas vêm e vão, capaz de manter toda a energia que flui dentro de você, enquanto expira e inspira.
>
> Deixe que toda a sua observação interna aconteça; deixe rolar.

SUA VISÃO QUANDO ESTÁ DISTRAÍDO. | SUA VISÃO QUANDO ESTÁ CONSCIENTE.

Observar externamente

Observar externamente é a etapa de ação que você pode usar para se lembrar de que a vitalidade vem de estar conectado ao mundo fora do seu corpo. Quando nos isolamos do mundo ao nosso redor, podemos ficar presos em nosso mundo interno de medo, ruminação e controle. Perceber o exterior é a etapa de ação que você realiza para mudar sua consciência e começar a viver. Com a prática, você será capaz de se conectar com os momentos e pessoas importantes da sua vida.

Embora seja gratificante, perceber externamente pode ser desafiador, porque estamos habitualmente capturados em nossas mentes. Contudo, não desista; pratique e você irá se aperfeiçoar, e aos poucos verá o valor dessa habilidade.

Veja como funciona. Imagine que você esteja tomando café com uma amiga que está falando sobre seu novo chefe, e você vê o rosto dela se iluminar com entusiasmo. Você está observando externamente. Mas daí você pensa em seu antigo chefe, que o intimidava no trabalho, e sente uma agitação interna se formando. Agora toda a sua atenção se volta para dentro de você. Você está com o tirano, não com sua amiga. Você mal está percebendo o exterior e, por um instante, perdeu a vida para sua ruminação interior; sua atenção ao mundo é mínima. Você está pensando no chefe do passado e em como poderia ter agido de forma mais assertiva. Você oscila entre o passado e a autocrítica.

Enquanto isso, o que aconteceu com sua amiga e o café? Você se fechou para eles. Depois você se culpa por não ter escutado o que sua amiga lhe dizia. Você deixou pouco espaço para o mundo exterior.

- Como sua vida mudaria se você não precisasse mais lutar com o seu ser interior?
- Existe um momento em que você possa praticar a consciência? Tente pensar em um momento específico em que você possa praticar o exercício de voltar, liberar e atualizar.

Mundo interior
Preocupar-se com o futuro.
Ruminar sobre o passado.
Criticar a si mesmo.
Criticar os outros.
Repetir.

Mundo exterior

Mundo interior
Observar como eu me sinto sobre minha amiga.
Ver a alegria dela.

Mundo exterior

Para exercícios de observação adicionais (em inglês), acesse http://dnav.international.

> **Encontrando o momento**
>
> Quando você perder o mundo ao seu redor, experimente este exercício.
>
> 1. Faça uma pausa. Expire.
> 2. Se estiver sozinho, concentre toda a sua atenção no que pode ver e ouvir fora de você. Volte para o mundo.
> 3. Se estiver com alguém, observe a pessoa falando, preste atenção em seu rosto e em sua voz. Seja curioso e incline-se.
> 4. Diga a si mesmo: "Esteja. Aqui. Agora".

Pratique a observação externa, mas faça isso com gentileza; não há necessidade de se punir. Observar externamente é uma capacidade de voltar à vida e ao momento presente. Isso significa que você gastará menos tempo vagando em sua mente e mais tempo focado no que lhe importa. Claro, sua atenção sempre se desviará, mas se praticar o retorno, você mudará e sua recompensa será *mais vida*.

PRATICANDO A OBSERVAÇÃO INTERNA E EXTERNA

Sua capacidade de perceber o que está acontecendo dentro e fora de você sem controlar pode mudar a sua vida. Pratique fazer uma pausa e ficar atento às mensagens. Experimente por alguns dias e veja como isso muda você. (Você também pode encontrar exercícios de observação adicionais [em inglês] em http://dnav.international.)

Agora você começará a ver como suas três habilidades podem funcionar juntas. Você pode passar de uma para a outra sempre que surgir a necessidade ou quando se sentir aprisionado. Você pode passar para o valorizador para estar mais sintonizado com o que importa. Você pode passar para o conselheiro e resolver problemas. Você pode ingressar em seu observador para aliviar o controle de seu conselheiro rígido ou ir mais devagar para não reagir de forma exagerada aos seus sentimentos ou à situação atual.

Veja o próximo lembrete para essas etapas.

Valor
Coloque sua energia em
momentos vitais e em ações valiosas

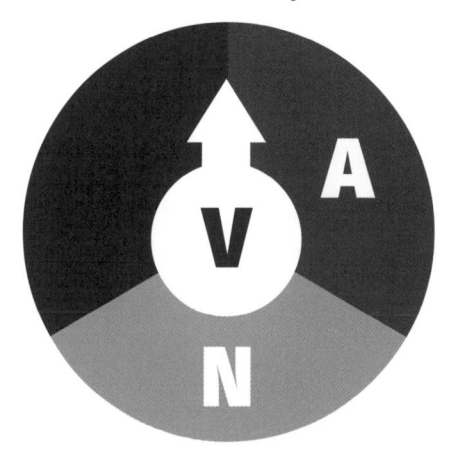

Conselheiro (*Advisor*)
1. Perceba
2. Redirecione (não resista)
3. Governe (com regras práticas)

Observador (*Noticer*)
1. Observe internamente
2. Observe externamente

4

Descobridor:
amplia e constrói por meio da ação

Como viver a aventura de sua vida: seja curioso e esteja disposto a sair da sua zona de conforto.

Chegamos à nossa última e talvez mais curiosa habilidade: a de descobridor. Eis um exemplo simples do comportamento do descobridor em uma situação cotidiana. Um amigo próximo liga para você certa noite, ao fim de um agitado dia de trabalho, quando você está tentando concluir as últimas tarefas. O que você faz? Você costuma dar aos amigos parte de sua atenção, enquanto a outra parte de sua mente está sempre trabalhando em tarefas: *Ainda tenho e-mails para responder, Devo ir me deitar, Não tenho tempo para bater papo*. Ou você faz algo que não costuma fazer? Em vez de realizar várias tarefas ao mesmo tempo, você pode tentar focar em seu amigo, ouvir sua história e compartilhar uma risada. Se deu ao seu amigo apenas atenção parcial, então é provável que você esteja sendo conduzido por seu conselheiro; você tem um rol de tarefas e as cumpre uma a uma, independentemente de tudo o mais. Entretanto, se tentou fazer algo que normalmente não faria, como arranjar tempo para o seu amigo, então você deu um passo no uso de seu descobridor.

    O descobridor descreve sua capacidade de perceber quando você está aprisionado em uma ação ou inação habitual — *Devo responder meus* e-mails *esta noite* — ou quando você pode se abrir para uma nova oportunidade — *Vou aproveitar este bate-papo e isso vai me revigorar*. Você pode chamar um lugar de zona do hábito, que é segura e familiar. O outro é a zona do descobridor, onde você fica curioso, explora e encontra novos caminhos para seguir. Às vezes, você terá hábitos bons, que funcionam bem e que você não precisa mudar, como ir se deitar um pouco mais cedo se estiver estressado. Outras vezes, terá hábitos que apenas *parecem* funcionar; eles fazem você se sentir melhor em curto prazo, mas em longo prazo lhe trazem mais problemas. Beber demais é bom exemplo; faz você se sentir relaxado depois de um dia estressante, mas em longo prazo é um hábito associado a ganho de peso, depressão e problemas de relacionamento. Procrastinar é outro exemplo. Funciona bem em curto prazo enquanto você navega pelas redes sociais, mas aí você acorda no dia seguinte e o trabalho entra em colapso.

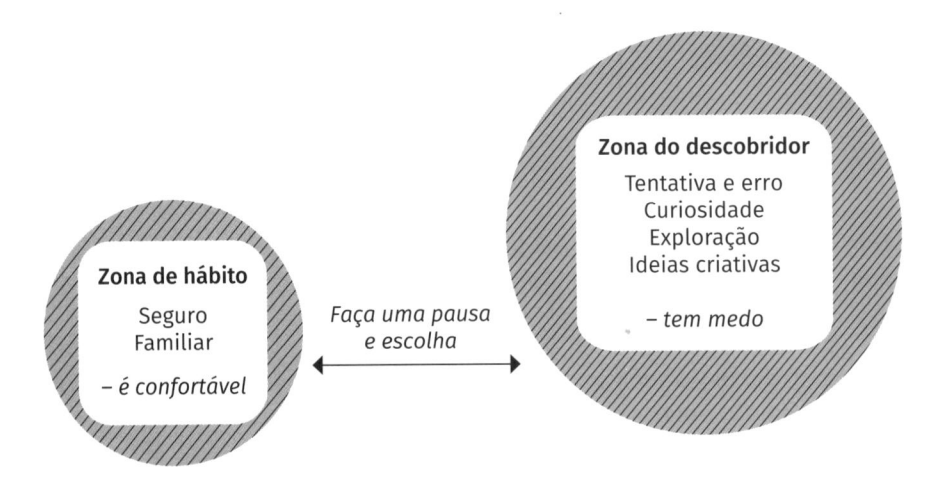

Zona de hábito
Seguro
Familiar

– *é confortável*

Faça uma pausa e escolha

Zona do descobridor
Tentativa e erro
Curiosidade
Exploração
Ideias criativas

– *tem medo*

Este capítulo lhe ajuda a analisar suas ações e fazer escolhas sábias. Seu descobridor é útil quando você enfrenta mudanças porque ele leva a novas maneiras de fazer as coisas. A vida está sempre mudando — terminar ou iniciar relacionamentos, mudar de emprego, novas tecnologias, tornar-se pai ou mãe, ver os filhos envelhecendo, ou tornar-se pai ou mãe de seus pais. Quando a mudança acontece, você pode continuar praticando ações habituais que talvez não funcionem mais. Uma coisa é certa: novos resultados exigem novas ações. Use seu descobridor para ver com novos olhos, experimentar novas formas de agir e aprender com os erros.

Seu descobridor cria uma vida valorizada por meio da ação. O descobridor é especialmente importante quando você se sente aprisionado com um problema que simplesmente não muda — como uma enorme carga de trabalho. Ao ingressar na exploração, você também conhecerá o companheiro de seu descobridor — o medo de tentar coisas novas —, mas você não é nenhum estranho para o medo. Pode entrar.

COMPREENDENDO A DESCOBERTA AO LONGO DE SUA VIDA

Em sua infância, você passou a maior parte do tempo sendo um descobridor. Você aprendeu sobre o mundo à sua volta buscando e estando aberto a coisas novas — explorando o que havia debaixo de uma pedra, brincando com novas crianças e experimentando coisas. A absorção de novas tecnologias por uma criança destaca o processo de descoberta de forma dramática. Quando um novo dispositivo aparece, as crianças irão praticar até que o dominem. Como não têm muitos preconceitos, elas simplesmente começam a apertar os botões, cometem erros e aprendem. Mas tente ensinar sua avó a usar um novo *smartphone* e você provavelmente terá uma longa aula e muitas perguntas de confirmação.

A descoberta torna as crianças melhores do que os adultos em algumas coisas.[1] Às vezes, elas tentam sem o medo de constrangimento. São mais capazes de detectar relações incomuns em um padrão de evidências.[2] Também são mais capazes de imaginar novos usos para ferramentas,[3] recordar informações não relacionadas a objetivos e responder a mudanças no ambiente.[4] Quanto mais envelhece, mais você tende a confiar em seu conselheiro e no que já sabe, e se tornará relutante em revisar o que pensa.[5] Se isso está acontecendo com você, afrouxe esse domínio do conselheiro; polvilhe um pouco de descobridor em sua vida.

Não é sua culpa que você descubra menos atualmente. Seguir a conversa interna de seu conselheiro é rápido e eficiente. Mas seu descobridor é necessário para criar vitalidade e valor, para sair dessa zona de hábito e crescer. A distinção pode ser vista claramente ao viajar. Seu descobridor o atrai para a experiência: *Vamos descer aquele beco escuro; pode haver lojas interessantes.* Seu conselheiro diz: *Não vá por aquele beco escuro; pode ser perigoso.* Veja você, tanto o conselheiro quanto o descobridor são essenciais, mas às vezes eles discordam. Sem perceber, você pode estar sempre cedendo ao seu conselheiro e estabelecendo hábitos — arrastando-se para trabalhar, repetindo as mesmas discussões inúteis com entes queridos, agindo automaticamente e raramente tentando coisas novas.

Se parar de usar seu descobridor para desenvolver sua vida física e mental, você não irá simplesmente permanecer como está, mas irá começar a decair. Se deixar de pressionar seus músculos com peso, eles se tornarão mais fracos e menos funcionais. Se deixar de pressionar sua mente com desafios e novas ideias, seu pensamento se tornará lento e estagnado.[6] Você até aumenta seu risco de Alzheimer.[7]

Quando está enfrentando uma mudança e não tem ideia do que fazer, é seu descobridor que pode ajudá-lo a tentar diferentes ações até que você alcance seu objetivo. Quando você quer crescer, é o seu descobridor que pode levá-lo à criatividade, com novas ações para continuar crescendo durante toda a sua vida.

RECONHEÇA O MEDO, O ACOMPANHANTE DO SEU DESCOBRIDOR

Deixar sua zona de hábito e fazer algo novo ou diferente pode ampliar sua vida.[8] Neste exato momento, seu conselheiro pode estar dizendo que você não pode fazer isso, então vamos deixar claro: as ações de descoberta podem ser grandes ou pequenas — assistir a uma nova aula de culinária, iniciar um novo negócio, levar inovação ao local de trabalho, adquirir uma nova habilidade, mudar de profissão ou mudar um relacionamento. Em última análise, a descoberta envolve seguir um caminho sem ter certeza de onde ele vai dar. Talvez a sua nova ideia de negócio falhe. Talvez as pessoas em seu local de trabalho riam de sua inovação. Talvez mudar o seu relacionamento atual seja o pior erro de sua vida — ou não mudá-lo será o erro. A mudança é muito imprevisível; ela sempre envolve tentativa e erro. Não é de admirar que ela venha acompanhada de medo.

A seguir, Ann compartilha um dilema que tantos pais conhecem, em que mudança e medo andam juntos. Você deve lembrar que ela falou sobre manter um padrão extremamente alto de esforço no Capítulo 3. Aqui você verá como seus velhos medos retornaram e como ela usou a descoberta para mudar.

> Quando tive meu primeiro filho, queria ser a melhor mãe que pudesse ser. Mas eu também não tinha intenção de desacelerar minha carreira ou deixar nossa vida doméstica de lado. Eu queria tudo. Então, eu me esforçava para voltar cedo ao escritório e, em meu "tempo livre", ministrava *worskhops* o dia inteiro. Eu trabalhava o dia todo e depois cuidava do meu bebê, tentando me manter presente, amorosa e paciente como eu achava que "boas mães deveriam ser". Muitas vezes, eu ficava acordada à noite amamentando ou tentando fazer meu bebê dormir.
>
> Eu vivi em Zumbilândia, cumprindo uma tarefa atrás da outra. Estava exausta e esgotada. No entanto, meu conselheiro se agarrava às suas regras e expectativas rígidas.
>
> Uma mudança profunda chegou em uma manhã que começou como qualquer outra. Apenas em um pequeno momento de descoberta. Eu estava

sentada com minha filha ao ar livre tomando sol. O vento balançou sua pequena mecha de cabelo. Ela sentiu e, pela primeira vez em sua pequena vida, notou a sensação de vento em seu cabelo. Ela riu e olhou em volta, encantada.

Naquele momento, as coisas ficaram claras. É estranho que tenha acontecido a partir de um evento tão insignificante. Mas parece significativo para mim. Eu entendo o que já sabia há algum tempo — queria estar aqui, com ela, o tempo todo. As outras coisas simplesmente não importavam mais.

Então, tomei uma atitude, mesmo sentindo medo. Cancelei meus *workshops* e informei ao meu chefe que voltaria apenas em meio período. O que importava para mim era estar com minha filha. Em um nível profundo, eu já sabia disso, mas estava com muito medo de ver. Eu estava na trilha do meu conselheiro. Minha descoberta veio por meio de me manter aberta e ouvir o que importava.

Embora a escolha fosse clara, reduzir minhas horas de trabalho me encheu de ansiedade. Eu nunca tinha feito isso. Eu tinha medo de me tornar irrelevante, medo de ter dificuldades financeiras. E essa mudança trouxe velhos padrões e medos — eu estava desistindo de minha carreira, deixando de ser "empreendedora". Era quase como se eu estivesse abrindo mão de partes de mim. E, ainda assim, escolhi encarar o medo e ficar com minha filha.

Essa é a essência do descobridor. Você precisa ir em busca de valor, reconhecer seu medo e estar disposto a carregá-lo. É assim que se aprende e se cresce.

NÃO ESTÁ NA HORA DE SAIR DE SUA ZONA DE CONFORTO E DESCOBRIR MAIS?

TRÊS PASSOS PARA SER UM DESCOBRIDOR

Os três passos necessários para a descoberta são explorar seus anseios, dar passos ousados e aprender com os retornos. Agora vamos ser práticos e mostrar o que você pode tentar. Você pode sair do modo travado para crescer em três passos.

Primeiro passo: Explorar anseios

Imagine que existe alguma atividade que você adoraria, mas nunca praticou. Ela está lá, esperando para ser encontrada. O que poderia ser? Construir um carro, aprender uma nova culinária, praticar ioga, escrever um romance histórico, aprender um novo idioma, participar de um retiro de meditação? Seu anseio pode ser qualquer coisa. Veja o exemplo de Joseph explorando um anseio.

> Eu ansiava por me desafiar fisicamente. Adoro me forçar até o limite e ver o que meu corpo é capaz de fazer. Mas como? Deveria andar de bicicleta, correr, levantar pesos, caminhar, escalar rochas, nadar? Eu tentei tudo isso, mas nada me apaixonou. Não me ocorria nada que eu pudesse experimentar.
>
> Felizmente, a descoberta não depende do pensamento. Às vezes, funciona por tentativa e erro. Tropeçamos em algo e dizemos: "Ei, eu gosto disso". Isso aconteceu comigo. Eu queria que meu filho aprendesse artes marciais para que ele não sofresse *bullying* na escola, então comecei a levá-lo a aulas de artes marciais. Logo depois, eu também comecei a frequentar as aulas e, em pouco tempo, descobri que adorava. Descobri que as artes marciais não consistiam em machucar os outros ou ser superdurão. Era uma modalidade de arte que me permitia combinar velocidade, equilíbrio e flexibilidade em ação dinâmica. Além disso, também me ensinava a suportar o medo e a raiva em meu corpo e permanecer digno e calmo.
>
> Minha jornada nas artes marciais não tem sido fácil. Eu me sinto constrangido a cada passo. Na aula, somos solicitados a fazer coisas como piruetas, chutes de borboleta, rolar no chão e esgrima. Eu tive que estar disposto a me sentir desajeitado, descoordenado e velho para aprender. Com o tempo, o constrangimento diminuiu um pouco, e aprendi a aceitar e ao mesmo tempo superar as limitações do meu corpo.
>
> A única coisa que eu lamento é ter descoberto as artes marciais tão tarde na vida.

Agora, nos voltamos para você. Que atividade você poderia adorar, mas não pratica? Imagine. Sonhe. Reflita, se precisar. Sua nova atividade pode ser tocar um instrumento, pintar, criar um negócio *on-line*, construir sua plataforma em redes sociais, disputar uma corrida de cinco quilômetros, fazer uma degustação de vinhos ou alguma outra.

Agora, imagine que você não tente essa atividade antes dos 95 anos de idade. Daí você experimenta e descobre que adora. Você só terá um breve período de tempo para desfrutá-la.

Enquanto pensa sobre esse novo desafio, observe de que forma a curiosidade se manifesta em seu corpo. Ela traz emoção? Ou ela vem acompanhada de medo? Inspire-se nisso e permita-se pensar sobre a possibilidade de algo novo.

- De que forma sua vida seria diferente se você procurasse por sua atividade vital agora, em vez de ficar esperando?
- Do que você precisa para entrar no processo de descoberta? Coragem? Tempo? Algo mais, talvez?
- Inspire-se nisso e permita-se pensar sobre a possibilidade de algo novo.

Segundo passo: Dê um passo ousado

Agora você está pronto para usar seu descobridor para dar um passo ousado. Qual é a sua primeira ação para a descoberta? Um telefonema? Uma pesquisa *on-line*?

Dê aquele passo. Aquele passo requer coragem. Mas, como William Faulkner colocou: "Você não pode nadar para novos horizontes até que tenha a coragem de perder a costa de vista". *Ah, mas eu não sou corajoso*, ouvimos você dizer.

Errado.

Coragem não é algo que se possui. Coragem é ação e é mais ou menos assim:

> Dê o passo que você deseja dar. Diga a si mesmo: *estou disposto a suportar o medo e a incerteza para poder viver melhor. Sou suficientemente forte para carregar o medo e a incerteza.*

Você pode se tornar bom em ser corajoso; isso pode até se tornar um hábito. A coragem não envolve assumir riscos estúpidos ou tolerar sofrimento sem um bom motivo. Coragem é assumir riscos para agregar valor à sua vida. Seu passo ousado começa com uma pergunta: *Estou disposto a sentir desconforto para fazer algo novo?*

Ou você responde *Sim, estou disposto a experimentar algo novo*, ou *Não, não estou disposto*. Ninguém pode lhe dizer a resposta certa. Às vezes, você vai dizer sim; às vezes, não. Ambas as respostas são válidas. Só você pode encontrar o sim certo para você.

Existem duas maneiras de chegar ao sim. Primeiro, você pode conectar um passo ousado com um valor. Pergunte a si mesmo: *Isso é importante para mim?* Se você não for capaz de responder, você pode dizer: *Não, não estou disposto a trabalhar nisso agora*. Lembre-se, você não escolhe fazer coisas difíceis se elas não tiverem valor. Você escolhe fazer coisas difíceis para construir uma vida significativa.

A segunda forma de chegar ao sim é escolher o tamanho do seu passo ousado. Você pode escolher um pequeno passo ou um grande passo. Escolher sim é como saltar de um trampolim baixo ou de um trampolim mais alto — ambos levam você a mergulhar. Não há nada de errado com pequenos passos. Por exemplo, se você quiser aumentar suas atividades físicas, pode adicionar cinco minutos de exercícios às suas manhãs ou até mesmo apenas um minuto de atividade. Isso seria como saltar do trampolim baixo. Nem é preciso dizer que se você prefere dar grandes passos, vá em frente.

Incline-se ao desejo com um passo ousado

1. Se pudesse melhorar sua saúde, atividade ou condicionamento físico, o que você poderia fazer? Pense em várias possibilidades.
2. Se você ousasse aprender algo novo, o que seria?
3. Se você pudesse mudar suas ações e trabalhar para fortalecer um relacionamento atual (amigo, família, parceiro/a), o que poderia fazer? Não se apresse e imagine.
4. Agora, levando tudo em consideração, que nova ação você deseja experimentar? Imagine-se experimentando essa coisa nova.

Ao pensar em aceitar novos desafios, observe como a curiosidade se manifesta em seu corpo. Ela traz animação? Ela traz medo?

- Reconheça qualquer medo dizendo em voz alta: "Isso me deixa nervoso". Então desacelere seu corpo e respire.
- Esteja ciente da conversa do conselheiro defensivo, como, por exemplo, *Não sou capaz de fazer isso*. Lembre-se de que é normal ter esse tipo de pensamentos.
- O medo é o acompanhante da descoberta. Lembre-se de que ele sempre passa.

Veja o exemplo de como Joseph escolheu o tamanho de seu passo.

Antes de descobrir as artes marciais, eu era totalmente sedentário e desligado em relação ao meu corpo. Como isso aconteceu? Eu já havia sido atlético, mas agora estava muito fora de forma. Eu precisava fazer alguma coisa. A primeira coisa que me ocorreu foi entrar em uma academia, mas a ideia me causava ansiedade. Eu "não tinha tempo". Se eu me exercitasse, me atrasaria para o trabalho. Além disso, eu me sentia constrangido ao me exercitar na frente de outras pessoas. Frequentar uma academia era um passo muito grande.

Mas eu valorizava estar em forma, então optei por um passo menor. Comecei a malhar 15 minutos por dia no meu quintal, quando ninguém estava olhando. Foi um pequeno passo, e muitos pensariam que era uma quantidade de exercício insignificante. Mas a partir desse passo ocorreu algo interessante: percebi o quanto me sentia melhor quando me exercitava. Eu me sentia menos estressado durante o dia e menos reativo. Essa é uma característica-chave da descoberta. Você interage com o mundo de novas maneiras e descobre resultados inesperados. As descobertas nem sempre são positivas; eu também poderia ter descoberto que odeio levantar pesos e, então, eu poderia ter tentado outra coisa, como correr, por exemplo.

Depois de alguns meses desses treinos de 15 minutos, me senti confortável e percebi que estava pronto para outro passo ousado. Agora estava disposto a me exercitar por mais tempo. A descoberta me mudou, e o que parecia ser um "grande compromisso" havia se tornado pequeno. Eu estava pronto para aceitar frequentar a academia por uma hora. Contudo, ainda me sentia constrangido em relação à minha força. Ficava me imaginando parado no canto, levantando os halteres leves, enquanto todos à minha volta olhavam. Então tornei o passo mais fácil. Eu me inscrevi em uma academia 24 horas, onde poderia me exercitar cedo, antes que alguém chegasse.

No meu primeiro dia de academia, cheguei às 5 horas da manhã, abri a porta e meu coração disparou. A academia estava repleta de atletas mais fortes e que pareciam mais dedicados. Eu achava que esse seria um pequeno passo, mas agora ele parecia enorme. Esse é outro aspecto da descoberta. Você pode continuar optando por dar passos ousados, especialmente quando as circunstâncias mudam. Eu tive que decidir: estou disposto a sentir esse desconforto para fazer essa atividade física? Ou devo dar a volta e fingir que tinha aberto a porta errada? Escolhi cruzar a porta. Isso lançou outro processo de descoberta. Entendi que eu era praticamente invisível nessa academia. Ninguém olhava nem se importava. Meus passos ousados me conduziram a um estilo de vida fisicamente mais ativo.

Terceiro passo: Mantenha-se receptivo ao *feedback*

O próximo é o terceiro e fundamental passo. Vincule sua ação ao valor, não apenas para se sentir bem em um momento. O retorno nem sempre será imediato. Você pode ter de praticar a atividade por um tempo para descobrir se a valoriza. Por exemplo, seus primeiros dias aprendendo violão podem ser chatos, mas isso não significa que você não vá adorar tocar violão em algum momento. Seu retorno também pode vir dos outros. Por exemplo, se você está se esforçando no trabalho, pode buscar um *feedback* sobre seu crescimento, mas lembre-se de ficar aberto tanto para um *feedback* negativo como para um *feedback* positivo. Muitas vezes, seu *feedback* virá de dentro. Talvez se você iniciar uma nova rotina de exercícios em casa, ou um novo *hobby* como jardinagem, vai querer considerar se sua atividade está agregando significado e energia à sua vida. Você gosta, ou é apenas outra coisa que você *tem* de fazer?

Tudo isso exige coragem. O *feedback* nem sempre é óbvio. Veja o que ficar aberta ao *feedback* significou para Louise.

> A pausa para o café durante o congresso estendeu-se pelo saguão do hotel. Centenas de pessoas reunidas em uma onda de cumprimentos, abraços, risadas e excitação. Todos os anos, essas pessoas se reúnem no congresso e muitas se tornam amigas.
>
> Eu olhava e me sentia como uma forasteira. Eu via a ligação entre as pessoas. O calor delas irradiava e me deixava mais ansiosa. Eu queria e, ao mesmo tempo, eu não queria estar ali. Socializar no congresso ou fazer contatos no grande salão na hora do almoço — tudo era difícil. Olhava ao redor da sala, segurando meu prato. Pequenos grupos de pessoas estavam sentados em amontoados ou conversando de pé. Esta parte não estruturada fazia eu me sentir vulnerável e descontrolada.
>
> Eu não podia ficar sozinha. Eu tinha que me sentar com alguém ou me esconder.
>
> Sou introvertida. Ponderei como seria bom apenas estar em casa, com meu jardim, minha família e meu cachorro.
>
> Respirei fundo, caminhei até alguém, chamei sua atenção e me apresentei...
>
> Hoje, quando reflito sobre essas experiências, depois de frequentar décadas de congressos, sei que cada uma delas começa assim. E a cada ano, fico receptiva ao *feedback* do congresso, e não da minha ansiedade social. Participar todos os anos me dá uma história de *feedback*. Eu sei que, depois de um ou dois dias, o pior de minha ansiedade já terá passado. Terei cumprimentado muitas pessoas, encontrado meu ritmo e começado a me divertir. E estarei feliz por ter ficado.

Agora também sei que nunca vou controlar ou erradicar a ansiedade social, mas me sinto mais confortável com ela. Uma coisa engraçada sobre a ansiedade: fui eleita presidente daquela organização, e seria de pensar que isso faria a ansiedade social ir embora, certo? Errado. Piorou!

E será igual no próximo ano; vou ficar ansiosa de novo. Mas meus valores me dizem que vale a pena.

Buscar *feedback* de dentro do meu coração mudou a minha vida.

Permita que a descoberta faça parte de seu dia, todos os dias, busque *feedback* e recomece. Esse é o segredo para mudar sua vida por meio da ação. A descoberta traz curiosidade, vitalidade e significado para sua vida porque ela abre a porta para uma vida valorizada. A cada dia, você pode experimentar novas ações. Não tenha medo de fracassar. O fracasso é o caminho para o sucesso. Lembre-se de que a coragem e a disponibilidade são suas companheiras de caminhada. A coragem não é um risco sem sentido; ela envolve ser suficientemente valente e confiante em sua capacidade de lidar com o que quer que a vida traga; é assumir riscos em busca de uma vida vivida com valor.

> Disponibilidade é escolher sua ação com base não em como você se sente, mas em onde esse caminho vai dar. Com honestidade, preste atenção aos resultados e abrace as mudanças constantes.

PRATICANDO ENTRAR EM SUA ZONA DO DESCOBRIDOR

Agora você está pronto para praticar o uso de todas as suas habilidades DNA-V para enfrentar mudanças e desafios. Ao viver o seu dia a dia, observe os momentos em que você está fazendo alguma coisa segura e previsível e considere se entrar em sua zona do descobridor será útil.

Criamos esta ilustração final que reúne todas as etapas do DNA-V.

Valor
Coloque sua energia em
momentos vitais e em ações valiosas

Descobridor
1. Explore anseios
2. Dê um passo ousado
3. Mantenha-se receptivo ao *feedback*

Conselheiro (*Advisor*)
1. Perceba
2. Redirecione (não resista)
3. Governe (com regras práticas)

Observador (*Noticer*)
1. Observe internamente
2. Observe externamente

PARTE 2

Construindo **sua força interna**

O self *é você, e você é mudança.*

Nos capítulos anteriores, você usou o sistema DNA-V para responder a mudanças e aprender a transformar sua vida. Agora, vamos mais fundo. Os próximos cinco capítulos constroem aspectos de você mesmo — vulnerável, ilimitado, compassivo, realizador e consciência profunda. Você começará a olhar para a transformação de seu *self* — quem você pensa que é, como vê a si próprio e como tudo em você pode mudar. DNA-V são as habilidades que ajudam a fazer seu *self* crescer.

Seu *self* não é
apenas um corpo, jovem ou velho,
um coração que bate de emoção,
um sopro que renova;
o *self* se abre por meio da vulnerabilidade.

Seu *self* não é
aquilo que você chama de *eu* e *mim*,
não apenas palavras como *burro* ou *fraco*;
para além das palavras, você não é uma coisa
o *self* é ilimitado.

Seu *self* é
uma luta da fusão do passado e do presente,
liberada por meio de uma alma aberta,
a amabilidade de um amigo que vive dentro;
o *self* cresce por meio da compaixão.

Seu *self* tem movimento,
esperar, tentar, falhar e tentar um pouco mais,
tropeçar em direção ao crescimento,
aspiração embutida em uma vida inteira;
o *self* realiza.

Seu *self* é consciência,
sentir o sol em um dia quente,
ver a si próprio, sentir sua respiração,
retardar as batidas do coração;
o *self* é consciência profunda.

5
Seu *self* vulnerável

Responda à vulnerabilidade com estresse e a vida vai parecer uma emergência constante; feche-se e a vida será centrada em fugir; responda com equilíbrio e a vida irá se abrir.

Louise compartilha esta história sobre ser vulnerável.

"Guarde sua louça", eu digo.

"Por que você está tão zangada?", pergunta o meu filho adolescente.

"Não estou zangada. Só estou pedindo para você guardar sua louça."

"Você está zangada; você está zangada há dias."

Fico em silêncio.

Ele prossegue: "Por que você não pode simplesmente falar sobre o que a está incomodando? Você nunca fala sobre o que a está incomodando. Você só fica com raiva de pratos ou qualquer outra coisa que eu deveria fazer. Qual é realmente o problema?".

Ele está certo? Talvez? Meu coração dispara; a tensão me atravessa. Sinto vontade de argumentar. Tenho todo o direito de estar chateada. Mas eu sei onde essa briga vai acabar, então fico em silêncio.

Em um momento estou lavando a louça e, no momento seguinte, aparece toda a minha história em uma discussão na pia da cozinha. Você já reparou que os eventos podem se intensificar rapidamente? E em geral é com alguém próximo a você, como seu cônjuge, filho(a), pai, mãe ou alguém de quem você gosta. Talvez você seja como eu, e essa discussão não seja realmente sobre a louça. É uma questão de se sentir estressado e tratado injustamente. Uma luta como essa pode envolver sentir-se sobrecarregado, cansado e esgotado. Ou pode envolver todas aquelas vezes em que você se sentiu incompreendido e suas mágoas do passado se infiltram. Muitas vezes, seu estresse fica guardado em seu corpo e pode não fazer sentido para a parte racional de sua mente. A vulnerabilidade às vezes traz respostas extremas, como a necessidade de lutar, fugir ou se afastar. Se você está tendo reações exageradas, talvez seja a hora de experimentar algo novo.

Neste capítulo, mostraremos como você pode entender a si mesmo e praticar o equilíbrio emocional, para que possa enfrentar mudanças estressantes, cuidar de si mesmo, conectar-se autenticamente e crescer. O primeiro passo ousado é reconhecer que se sentir vulnerável é normal. Você não se sente assim porque está arruinado ou é fraco. Você não tem que combater esse sentimento ou culpar-se por ele. Os seres humanos são programados para se sentirem vulneráveis e nunca esquecerem traumas ou adversidades do passado.[1] É por isso que seu passado pode inundar o presente e levá-lo a sentir-se angustiado e confuso.[2] Aprenda isso: você pode sentir dor e ainda viver uma boa vida sem ter que apagar seu passado. Sua vida terá perdas, e você pode se tratar com carinho. Sua vida terá tristeza, e você pode continuar vivendo. Aqui vamos ajudá-lo nessa jornada.

SUAS TRÊS RESPOSTAS AO PERIGO

Os seres humanos evoluíram para sobreviver a estressores usando respostas *fisiológicas* e *sociais*. Essas respostas de sobrevivência são embutidas e compartilhadas com todos os mamíferos sociais. Vejamos um exemplo de uma das espécies de mamíferos mais próximas de nós — o macaco — para que você entenda a adaptação para a sobrevivência com mais clareza. Você vai começar a entender como seu corpo e seu cérebro respondem ao risco.

Os macacos são programados para perceber o risco e responder da mesma forma que nós. Quando eles sentem uma ameaça, sua primeira reação é buscar proteção em seu grupo de parentesco. Se os outros vierem em socorro, eles se acalmarão. Se os outros não ajudarem, seus corpos se inundarão de adrenalina e se prepararão para lutar ou fugir. Fugir geralmente será a opção preferida por ser fisicamente menos desgastante do que lutar. Contudo, se o perigo parece inevitável, eles podem escolher a segunda opção e paralisar, encolher-se, fechar seu corpo e fingir que estão mortos. Esta última linha de defesa pode fazer com que o atacante prossiga para uma presa mais ativa.[3] Embora cruciais para a sobrevivência, as respostas de luta, fuga e paralisação causam danos nos recursos de um macaco, de modo que um macaco feliz prospera se não precisar recorrer a essas respostas de elevado estresse com muita frequência.

Agora, em relação a você, um ser humano. Você nasceu com as mesmas respostas adaptativas. Quando era um bebê, caso se sentisse inseguro, você podia estender os braços, fazer barulho ou chorar para ser tomado nos braços; em outras palavras, podia pedir ajuda ao seu grupo. Se o apoio não viesse rapidamente, você podia aumentar a aposta recorrendo a uma resposta de estresse — aumentando o choro ou a agitação. Por último (e esperamos que muito raramente), na ausência consistente de algo que o acalmasse, você podia retrair-se em total inatividade, tornando-se entorpecido e sem resposta. Suas respostas fisiológicas e sociais são construídas a partir desses instintos básicos e depois são moldadas por suas experiências.

> O corpo e a mente evoluíram para detectar estresse, responder e sobreviver.

À medida que envelhece, você adquire mais conhecimento e respostas sofisticadas, mas estas são construídas sobre as respostas básicas. Elas não as substituem. Você pode derrubar um valentão com uma piada sutil, mas seu instinto de sobrevivência ainda quer lutar fisicamente ou fugir. Seu corpo e cérebro continuarão usando seu sistema de resposta rápida. Se você vir um estranho se aproximando em um beco escuro, seu cérebro e seu corpo despejam rapidamente os hormônios do estresse em seu sangue, sua respiração se acelera, sua frequência cardíaca aumenta, sua audição fica mais apurada e você se prepara fisicamente para lutar ou fugir. Tudo isso ocorre antes que sua mente consciente possa processar o que está acontecendo. Sua resposta social ao perigo pode ser gritar por socorro e, quando chegar em casa, informar aos amigos.

Ao longo da história da humanidade, vemos que os humanos são fracos quando isolados. Os seres humanos são fortes quando estão em grupos cooperativos que trabalham juntos na caça e na defesa. Você está vivo hoje porque outros humanos o ajudaram, assim, suas conexões sociais sempre serão importantes. Entretanto, como os outros o ajudaram também importa. Sua história social o preparou bem para a vida?

O SISTEMA BIOLÓGICO QUE APRENDE

O aprendizado mudou a maneira como seu corpo e sua mente respondem aos estressores. Em sua infância, se os adultos ao seu redor foram predominantemente receptivos, o acalmaram e o abraçaram, você aprendeu a explorar o mundo com a sensação de que havia uma base segura. Com o tempo, você também observou como a família e os amigos administram o estresse ou a vulnerabilidade. Se você viu calma, abertura e confiança, provavelmente imitou isso e desenvolveu um senso de confiança no mundo e nos outros.

Mas e se sua experiência não foi de amabilidade e segurança? E se você cresceu cercado por adultos ocupados, estressados, sobrecarregados, negligentes ou até traumatizados? Você pode ter ficado alerta e raramente calmo ou equilibrado. Você pode sentir, lá no fundo, que ninguém vai ajudá-lo — que está sozinho.

Louise compartilha sua história de crescimento em um ambiente assim:

> Espiei pela fresta e observei meu pai bêbado cambaleando no corredor, gritando, batendo nas paredes, abrindo a porta da gaveta da cozinha, e as facas voando por todo lado.
>
> Me escondi depressa. Puxando meu cobertor de lã áspero sobre minha cabeça, eu me encolhi como uma bola e tentei desaparecer. Não havia nada para ser visto, apenas cobertores.
>
> Em retrospectiva, vejo que a violência doméstica e o trauma intergeracional se alastravam naquela cozinha. Meu pai era um alcoólatra devastado por sua infância de abandono e pobreza. Seu cambaleio pelo corredor não era apenas por causa do álcool, mas também por sua perna deformada, uma reminiscência da poliomielite. Quando adolescente, ele explodiu com raiva do mundo. Foi mandado para um reformatório de meninos que era cruel e hostil. Sua fuga em uma noite fria de inverno saiu nos jornais — um adolescente encolhido em um cercado para ovelhas, com a polícia disparando contra ele. Durante a Segunda Guerra Mundial, sua perna comprometida pela poliomielite o excluiu do dever. Foi marcado como covarde. Suas cicatrizes emocionais eram profundas, e ele as alimentava com bebida. Ele atacava com fúria brutal, espancando minha mãe e meus irmãos.
>
> Minha mãe, uma mulher com seis filhos, lutou como uma guerreira para impedir que fôssemos "mandados para a assistência social". Essa era uma ameaça sempre presente que eu ouvia pela casa.
>
> Não sei onde estava minha mãe quando eu era pequena; não tenho lembranças claras de sua presença. Eu sei que a violência lhe custou caro. Ela sofreu de ansiedade até o dia em que faleceu, décadas depois.
>
> Meu mundo, quando criança, era de ameaça e negligência. Aprendi que não se podia confiar nos outros. Desenvolvi uma independência inflexível, um resultado comum para quem tem antecedentes traumáticos, mas que não cai bem com conexão profunda e amor na idade adulta.
>
> De volta aos dias atuais. Estou prestes a reagir exageradamente a esses pratos sujos.

Eu sei como isso acontece, uma discussão que não leva a nada.
Fico em silêncio.
Tenho um gatilho sensível para conflitos, e essa vulnerabilidade me coloca em alerta instantâneo — as sirenes disparam. E eu não preciso repetir o que fazia quando era criança; não preciso correr. É preciso muita prática. Preciso me recolher para restabelecer a calma e então me reconectar com meus valores. Eu pratico consciência com meu observador, tentando trazer abertura e aceitação. Pratico meditação. Continuo tentando. O equilíbrio fica mais fácil a cada prática, e a menor das ações é suficiente; mostrar vulnerabilidade, ouvir em vez de defender. Minha recompensa é o amor.
Mudar é possível. Tenha noção disso. Nunca se esqueça de que você pode mudar.

Sua vida atual não é apenas uma questão de como seus principais cuidadores viviam. Seu temperamento também contribui e, além dele, suas experiências com conexões mais amplas como família extensa, creches, professores, amigos e escola. Suponha que você tenha tido sorte e tenha recebido cuidados desde cedo, que incluíam muita amabilidade, amor e modelos bons o suficiente. Nesse caso, respostas calmas provavelmente estarão disponíveis para você usar em um momento estressante. Em contraste, se suas primeiras experiências foram de elevado estresse, então você também terá aprendido a reagir dessa forma. É assim que reagimos exageradamente a uma pilha de pratos sujos.

O ATO DE EQUILÍBRIO DO SEU CORPO

Agora é hora de avaliar como você está e o que gostaria de mudar. Suas respostas aos estressores são o resultado *tanto* da sua biologia *quanto* do seu aprendizado. Cada evento em sua vida, grande e pequeno, contribui. Se você está vivo há 30 anos — são 10.950 dias —, imagine quantos estressores você viu e aos quais respondeu em todos esses anos.

Considere o que aprendeu a fazer quando está estressado ou vulnerável. Você pode achar que respostas intensificadas lhe ocorrem com mais facilidade do que provavelmente gostaria. Não se desespere. Sua capacidade de mudar é muito maior do que você imagina. Porém, você precisa se lembrar de um ponto crucial: só se aprende por adição; não se pode subtrair ou apagar o que se aprendeu no passado. Se pudesse esquecer totalmente o seu passado, então você também poderia esquecer onde está o perigo, e não é assim que funciona a sobrevivência. Os capítulos anteriores de sua vida estão escritos. Você não pode mudar a história, mas, daqui para a frente, pode escrever novos capítulos.

- Seu primeiro passo para um novo capítulo é a autoconsciência. Considere como todo o seu *self* — corpo, emoções, cérebro e história — se reúne para lidar com desafios e mudanças.

Como você costuma responder a mudanças, incertezas ou eventos inesperados?		
Estressado	**Equilibrado**	**Bloqueado**
1. Seu coração dispara, você se sente ofegante ou nervoso. 2. Você frequentemente experimenta fortes emoções. 3. Você pode rapidamente ficar com raiva, discutir ou sentir necessidade de se defender. 4. Você pode pensar demais e ruminar sobre problemas. 5. Você fica agitado em relação a coisas que parecem não incomodar os outros. 6. Você fica agitado em um ambiente barulhento ou apressado.	1. Você tem energia para enfrentar os desafios da vida. Há espaço para crescimento. 2. Você cuida de si mesmo mantendo os pés no chão, estando consciente ou cuidando-se com carinho, ou tem estratégias para se acalmar. 3. Você é capaz de resolver problemas, falar consigo mesmo de maneira útil e se preparar para um problema. 4. Você age de forma curiosa e divertida na vida. 5. Você se conecta com outras pessoas buscando apoio e pedindo ajuda. 6. Você restaura a calma e a força ao estar com outras pessoas.	1. Você se sente sobrecarregado, envergonhado, sem esperança, aprisionado, deprimido ou entorpecido. 2. Você se sente desmotivado e desinteressado em fazer as coisas. 3. Você se sente como se estivesse fora de si ou desconectado. 4. Você se fecha, fica ensimesmado e se afasta dos outros. 5. Você fica alerta, esperando traição ou ameaça. 6. Você convive com abuso, violência ou um ambiente imprevisível.

Algum desses padrões parece familiar? Vamos ver o que está acontecendo dentro de seu corpo e do seu cérebro quando você passa de equilibrado para estressado ou bloqueado. Primeiro, lembre-se de que seu sistema nervoso busca constantemente mantê-lo calmo e conectado (isso é chamado de homeostase). O sistema parassimpático atua nesse sentido, impelindo-o a descansar e receber apoio de outras pessoas — chamamos isso de *equilibrado*.

Quando você se sente ameaçado, sua resposta de luta, fuga ou paralisação (sistema simpático) torna-se dominante e sua frequência cardíaca aumenta, seus músculos ficam tensos, sua respiração acelera e você se sente carregado — chamamos isso de *estressado*. Por exemplo, você vê uma pessoa com raiva gritando em um *shopping*; você sente a tensão e se afasta em busca de segurança. Uma vez que esteja a uma distância segura, sua resposta parassimpática é ativada, suas frequências cardíaca e respiratória diminuem, você se sente calmo e os recursos são desviados da fuga para o crescimento e regeneração do corpo — você está equilibrado novamente.

Fechar-se ou paralisar pode acontecer quando você sente uma ameaça intensa, terror ou teve traumas em seu passado. Nesse caso, seu corpo responde com *excessiva* atividade parassimpática, a qual o deixa entorpecido ou paralisado.[4] Por exemplo, quando você vê uma pessoa com raiva gritando no *shopping*, fica apavorado e pode paralisar ou ter reações corporais de dormência e até de dissociação. Se fechar também pode assumir a forma de depressão e inatividade.

Nem o sistema simpático nem o parassimpático *vence* essa competição. Sua frequência cardíaca oscila constantemente, às vezes batendo mais rápido quando o sistema simpático é ativado, e depois mais lenta à medida que o sistema parassimpático é ativado.[5] Para usar a metáfora de um carro, estressado é o uso excessivo do acelerador, bloqueado equivale ao uso excessivo dos freios, e equilibrado corresponde ao uso eficaz dos dois pedais para ir em direção ao que você valoriza.

O equilíbrio ocorre quando tanto o sistema parassimpático quanto o simpático respondem às mudanças ambientais. Isso se reflete em uma frequência cardíaca que não é estática, mas sempre variável, sempre pronta para qualquer situação. A pesquisa confirma o valor de uma frequência cardíaca variável. Maior variabilidade da frequência cardíaca está associada a menos estresse, mais autocontrole, escolhas mais sábias e menor probabilidade de morrer.[6]

Lembre-se: sua resposta não é uma questão de lógica e do que sua mente acredita. É uma questão do que seu corpo e seu cérebro sentem. Ao sentir o perigo, seu trabalho é detectar riscos rapidamente, responder e levá-lo de volta à segurança.[7] Sentir-se estressado ou bloqueado não é ruim ou errado. É quando você tem estresse, reações exageradas ou sentimentos avassaladores *constantes* que você irá desejar se empenhar em mudar.

OBSERVE QUANDO VOCÊ ESTÁ DESEQUILIBRADO E PRATIQUE LEVAR SEU CORPO PARA CASA.

PRATICANDO EQUILÍBRIO

Agora você está pronto para aprender os dois passos para alcançar o equilíbrio.

Primeiro passo: Avalie suas respostas

Primeiro, avalie como você está.

> **Estressado:** Considere os seis itens na seção do quadro estressado-equilibrado-bloqueado que você viu anteriormente no capítulo; para quantos você responderia afirmativamente? Se concordou com a maioria dos itens, é sinal de que está estressado e precisa de alguma prática de reequilíbrio. Seu conselheiro provavelmente aumenta a carga tentando resolver problemas pensando demais. Seu observador registra fortes reações — ansioso, em pânico, zangado, frustrado ou irritável. Seu descobridor usa respostas habituais, como trabalhar excessivamente, atacar, gritar, bater portas ou evitar a situação e se esconder. Todas essas ações estressadas exigem muita energia e podem deixá-lo exausto. Você não terá muita energia para valor e vitalidade.

Se você passa muito tempo estressado, fica difícil se fortalecer porque despende mais energia na sobrevivência do que em viver a sua vida. Isso não é motivo para se punir. Todos temos um trabalho a fazer para melhorar.

Equilibrado: Se você escolheu principalmente esses itens, que bom. Você provavelmente se esforça bastante para manter seu equilíbrio. Continue fazendo o que está fazendo!

Bloqueado: Desses seis itens, quantos descrevem você na maioria dos dias? Se você concorda com apenas alguns, pode passar para o segundo passo e praticar a consciência e o equilíbrio. Contudo, se concordou com a maioria dos itens, pode estar em um lugar difícil agora e talvez tenha sofrido um trauma em seu passado. Estudos mostram que cerca de 70% da população já sofreu algum tipo de trauma.[8] Às vezes, trata-se de um evento único, como um acidente de carro, do qual podemos nos recuperar com o tempo. No entanto, às vezes, é abuso, negligência ou um trauma que pode ser difícil de integrar à sua vida atual sem ajuda. Ficar bloqueado *com frequência* é um sinal de que você pode considerar procurar a ajuda de algum tipo de profissional. O sofrimento emocional não é culpa sua e não se trata de uma fraqueza interna. Você não deve se culpar.

Segundo passo: Restaurar o equilíbrio

Independentemente de quais respostas você esteja usando, é possível ajudar a si mesmo praticando ações para restabelecer o equilíbrio. Muitas vezes, *equilíbrio* é um *slogan* popular para saúde e bem-estar. Contudo, quando falamos de equilíbrio, focamos em um conceito científico de mudança que pode ocorrer no nível de sua fisiologia. De forma superficial, equilíbrio significa simplesmente cuidar de si mesmo e se conectar com os outros. Em um nível mais profundo, equilíbrio envolve ativar o sistema nervoso parassimpático e aumentar sua sensação de calma e força psicológica. Você também será capaz de ativar seu sistema simpático, se necessário, digamos, se houver um estressor iminente, e depois desativá-lo assim que ele passar.

Quando está equilibrado, você melhora o funcionamento imunológico.[9] Você aumenta sua capacidade de estar com os outros e aproveitar. Você pode até obter uma liberação extra de oxitocina, um hormônio que aumenta sua capacidade de se relacionar e se conectar com as outras pessoas. Respostas equilibradas são respostas de crescimento que constroem seu senso de vitalidade e valor.

Praticar essas habilidades de equilíbrio o ajudará a crescer.

Aumente seu equilíbrio com as práticas básicas do observador — observando-se interna e externamente (Capítulo 3). Pratique tornar-se consciente de quando você está entrando em estresse ou ficando bloqueado. Faça uma pausa, expire lentamente, nomeie o que está sentindo (p. ex., *estou chateado agora*). Então, procure se centrar observando-se internamente — sentindo seus pés no chão, contorcendo os dedos dos pés, desacelerando a expiração. Se você estiver estressado, observar externamente pode ser poderoso. Faça isso desacelerando e trazendo toda a sua consciência para o que você pode ver, ouvir, tocar, degustar e cheirar. Pratique conectar-se com coisas que o acalmam, como animais de estimação, música, ioga, banhos, caminhadas ao ar livre, uma xícara de chá, exercícios, etc. Não há limite; trata-se de saber o que funciona para você.

BUSCANDO AJUDA E CONEXÃO

Em tempos de estresse, desejamos nos conectar e ser ouvidos por outras pessoas. Conexão é um aspecto crucial para nós como espécie. Se estiver estressado, tente primeiro entrar em contato com pessoas de quem você gosta e peça ajuda. Com pessoas em quem você confia, mostre sua vulnerabilidade e lembre-se de que não é fraqueza precisar dos outros — é humano.

Faça disso uma via de mão dupla cuidando dos outros também; pesquisas mostram que se doar aos outros está associado a maior felicidade[10] e melhor saúde mental.[11]

Pausar, redefinir, planejar

Se um evento estressante estiver acontecendo agora, pratique esta rotina de pausar, redefinir, planejar:

1. *Pausar.* Pare de fazer tudo. Expire longa e lentamente. Observe sua respiração enquanto faz isso. Tente não mudar sua inspiração; apenas desacelere sua expiração.
2. *Redefinir.* Se puder, permita que seu olhar alcance pontos mais distantes por alguns segundos; veja o céu, se puder.
3. *Planejar.* Lembre-se de seus valores ou vitalidade. Neste momento, eu quero... _____ .

Para criar mais equilíbrio na mente e no corpo, tome medidas em relação a mudanças de estilo de vida e ambientais. Sono, dieta e exercícios vêm em primeiro lugar. Esses três são essenciais para manter o equilíbrio. Estudos mostram que sono, dieta e exercícios reduzem o estresse, aumentam o equilíbrio biológico, mantêm o peso baixo, criam uma maior sensação de bem-estar e o ajudam a viver mais.[12] Faz sentido se você pensar em si mesmo como um ecossistema de que precisa cuidar.

> Seu corpo é um instrumento sensível. Cuide dele com atividade física, sono e alimentação saudável, e ele irá guiá-lo com precisão em direção ao significado e à alegria.

Descubra novas maneiras de resolver o estresse. Envolva-se com curiosidade e compaixão na resolução de problemas consigo mesmo e com os outros. Quando se trata de seu conselheiro, cuidado com aqueles pensamentos travados. Se sua conversa interna estiver muito alta, entre em seu observador e use práticas para primeiro acalmar o seu corpo. Depois, pratique ficar flexível com essa conversa interna. Por fim, trate-se com mais compaixão (veja o Capítulo 7). Dê a si mesmo um tempo de quietude quando precisar. Faça coisas boas para si mesmo. Lembre-se de que você é uma pessoa completa, não está arruinado e pode recuperar sua tranquilidade.

PRATICANDO PARA REEQUILIBRAR SEU *SELF* CORPORAL

Resumimos as etapas que você pode levar deste capítulo em nossa ilustração da trave de equilíbrio. Ao longo do dia, conecte-se consigo mesmo, observe o que está acontecendo e depois dê pequenos passos para se reequilibrar. Tente afixar isso em algum lugar como um lembrete.

Avalie e reequilibre seu *self* corporal

| Busque ajuda e conexão | Pratique desacelerar a respiração, ancorar-se, mindfulness | Use a fala útil do conselheiro, rotinas de sono e exercícios |

Estressando-se:
Coração disparado, ofegante, nervoso, emoções fortes, respostas rápidas, na defensiva, pensando demais, agitado, pressionado

Fechando-se:
Sobrecarregado, envergonhado, desesperançado, aprisionado, deprimido, entorpecido, desmotivado, desconectado de si mesmo, ensimesmado, em alerta para ameaças

6
Seu *self* ilimitado

*Seus pensamentos não podem apreender tudo de você.
Palavras não lhe definem. Você é ilimitado.*

A sociedade e os outros geralmente lhe ensinam que você é limitado. Não presuma que eles estejam certos. Existem evidências de que, muitas vezes, as limitações são autoimpostas, não reais. Por exemplo, você provavelmente aprendeu que a inteligência é herdada, e assim você não pode melhorá-la, mas já existem evidências claras do contrário.[1] Eu (Joseph) sou um exemplo disso. Das aulas de recuperação e classificado como burro no ensino médio, cheguei a um curso de nível superior. Se eu tivesse acreditado nos outros, não teria tentado me instruir. Esta é outra ideia falsa: lhe ensinaram que os genes determinam seu destino e que você não pode mudá-los. Contudo, hoje existem evidências claras de que ativamos e desativamos nossos genes.[2] Por fim, você foi ensinado a duvidar de si mesmo e a estabelecer limites *realistas*. "Quem é você para sonhar alto?", as pessoas perguntam. Entretanto, a pesquisa mostra que, se você tiver esperança e sonhar alto, muitas vezes poderá alcançar muito mais do que sua mente incrédula achava ser possível.[3]

Este capítulo é sobre como se libertar de suas limitações autoimpostas. A consciência de seus rótulos é o primeiro passo em direção à liberdade. Que rótulos você coloca em si mesmo que possam o estar limitando? Você usa rótulos como *forte, fraco, masculino, feminino, preguiçoso, extrovertido, velho, jovem, criativo, neurótico, arruinado*? Você provavelmente tem vários. Mostraremos que não importa quantos, nem se são positivos ou críticos. Conscientize-se dos rótulos e eles começam a perder seu poder.

Pergunte a si mesmo: seus rótulos o estimulam a crescer e a mudar? A rotulação frequente torna-se uma armadilha, impedindo-o de avançar em sua vida e crescer.[4] Por exemplo, imagine que você acredite piamente: *Eu sou velho demais*. Como irá agir dizendo isso a si mesmo? Você negará a si mesmo coisas que classifica como *apenas* para jovens. Isso pode incluir aprender um novo idioma, estudar, adotar um novo *hobby*, praticar um esporte ou qualquer outra coisa. Assim, você age como um velho simplesmente descrevendo a si mesmo como velho demais. Antes que perceba, estará clicando em *links* de mídia social para bengalas, e não para caminhadas. Muitos rótulos podem aprisioná-lo dessa forma, como, por exemplo, *não bom o bastante, arruinado, não suficientemente inteligente, indigno de amor* e *impotente*.

Para crescer e mudar, você precisa se conscientizar de suas armadilhas de rotulação e escapar delas. Essa ideia pode ser entendida metaforicamente. Houve, no passado, uma prática cruel para capturar macacos: os caçadores colocavam uma banana dentro de um jarro pesado com uma abertura estreita. O macaco podia estender o braço e agarrar a banana, mas não conseguia puxá-la de volta pela abertura estreita; sua mão ficava presa no jarro. Tudo o que o macaco precisava fazer para escapar era soltar a banana, mas ele não soltava. A mesma coisa pode acontecer com os humanos: nosso conselheiro se agarra a um rótulo e não o larga mais. É aí que você sabe que seu conselheiro não está ajudando.

- Que tipo de pessoa você é?
  Suas respostas são rótulos que o definem?
- No que você é bom e ruim?
  A quais rótulos ou descrições você fica aprisionado?

Veja a história que ilustra como Joseph foi aprisionado e, com o tempo, se libertou.

Quando adolescente, lutei para obter o respeito de meu pai, que se divorciou de minha mãe quando eu era pequeno e foi forçado a cuidar de mim quando ela nos abandonou. Ele se ressentia profundamente disso — e de mim. Era duro e crítico; amabilidade era algo raro nele.

Ele frequentemente atacava minha inteligência tentando me convencer de que eu era burro. Fiquei com tanto medo de ser burro que minha vida passou a ser definida pelo rótulo de "burro".

Eu não queria que o "eu sou burro" fosse verdade. Não conhecia o sistema DNA-V naquela época, é claro, então não sabia como me livrar do rótulo.

Em vez disso, lutei contra ser burro, uma batalha que acabou se mostrando inútil. Eu discutia sem parar com meu pai sobre intelectualidades. Eu tentava provar que era inteligente colocando o conselheiro dele em luta com o meu. Isso nunca funcionou. Usei meu observador para ficar alerta aos sinais do humor de meu pai. Tentava evitá-lo quando ele estava de mau humor porque era um momento arriscado em que ele tentava me fazer sentir confuso e burro. Usei minhas ações do descobridor para ter problemas na escola porque queria desafiar meu pai e todos os adultos que achavam que eu era burro.

No final, conquistei um diploma universitário e, depois, um doutorado. Notavelmente, ambos no campo da psicologia, o mesmo de meu pai. Durante todo o percurso, eu estava lutando contra o "burro". Eu tinha que obter um diploma superior ao dele, apenas para provar a mim mesmo que ele estava errado.

Gradualmente, percebi que grande parte da minha vida foi vivida para evitar cinco letras:

BURRO

Com frequência, me pergunto quantos anos desperdicei tentando escapar dessas palavras.

Cerca de 10 anos atrás, finalmente parei de tentar lutar contra o rótulo de burro e comecei a colocar minha energia em coisas que adoro. Comecei a aprender a tocar piano, desenvolver um melhor arremesso no basquete, expandir minhas habilidades físicas em artes marciais e trabalhar com jovens desfavorecidos. Comecei todas essas atividades tarde na vida. Se não estivesse tão ocupado tentando não ser "burro", eu me pergunto se poderia ter usado minhas habilidades de DNA-V para me tornar um pianista ou trabalhar com preparação física. Quem sabe? O passado se foi, o presente está aqui. Eu me apego a uma ideia agora — ainda há tempo para uma vida maior.

Se você puder se conscientizar da armadilha do seu rótulo, verá que a liberdade vem de abandonar os rótulos. Claro, é preciso prática porque nosso conselheiro é como aquele macaco. Com a prática, você pode ir além dos rótulos e ser ilimitado, pronto para o crescimento e a transformação.

QUEM É VOCÊ REALMENTE, COM OS RÓTULOS DE LADO?

Joseph: *Eu não sou burro e também não sou inteligente.*
 O que foi isso que eu disse?
 Burro e *inteligente* são palavras. Elas não são *eu*. Burro e inteligente são ferramentas que eu posso usar quando elas me ajudam e deixar de lado quando não me ajudam. Às vezes, ao praticar um esporte, cometerei um erro e direi: "Isso foi uma burrice". Isso me motiva a melhorar. Outras vezes, digo isso a mim mesmo e me sinto desmotivado. É nesse caso que eu quero deixar o rótulo de lado.
 Posso escolher como usar rótulos. Eu não sou eles. Vamos ver como isso funciona para você.
 Repita cada uma dessas frases *eu sou* para si mesmo e lembre-se de um momento em que cada uma delas foi verdadeira.

Você não é um rótulo

Eu sou forte.
Eu sou fraco.

Eu sou ansioso.
Eu sou calmo.

Eu sou feliz com outras pessoas.
Eu sou feliz sozinho.

Eu sou durão.
Eu sou vulnerável.

Notou como tanto os termos positivos quanto os negativos às vezes se aplicam a você? Também notou que há uma contradição? Como você pode ser forte e fraco?

Você não é nenhuma dessas coisas. Claro, às vezes você pode ser forte ou fraco, assim como às vezes quer ser social e em outras quer estar sozinho. Os rótulos descrevem sua experiência em um momento no tempo. Você pode deixar o momento passar e, depois, sentir outra coisa. Mas, quando aplica o rótulo, pode parecer que *você é o rótulo*.

O QUE VOCÊ PODERIA REALIZAR SE ABANDONASSE SEUS RÓTULOS AUTOLIMITANTES?

A PERSPECTIVA DO OBSERVADOR: ENCONTRANDO UM PORTO SEGURO

Gostaríamos de apresentar seu eu observador, que você pode usar para se libertar de se sentir "limitado" por autoconceitos inúteis. Onde quer que você esteja lendo isso agora, veja se pode estar ciente de que uma parte de você pode se ver lendo. Você consegue se visualizar lendo? Talvez você esteja sentado em uma cadeira de um certo jeito, caído ou ereto. Veja a si próprio. É isso — você se conectou com seu eu observador. Conecte-se com seu observador quando quiser se livrar dos rótulos.[5]

No exercício anterior, ao pensar nos rótulos como forte e fraco, havia uma parte de você se observando fazendo isso. *Você* imaginou a si mesmo como forte. Depois, *você* imaginou a si mesmo como fraco. Os rótulos vieram e foram, mas *você* ainda estava lá. Você é o observador. Você não é os rótulos. Isso lhe mostra algo importante: você é suficientemente forte para manter e observar todos os seus rótulos. Conectar-se com seu observador o lembra disso.

Você consegue ver como essa perspectiva de observador lhe ajuda a abrir mão da batalha para ter os rótulos *certos*? Rótulos não o definem, então não há necessidade de combater rótulos *ruins*, como *preguiçoso*, e apegar-se a rótulos *bons*, como *talentoso*. Observe esses rótulos, como se observasse um sinal em um *outdoor* passageiro, e eles perderão seu poder de aprisioná-lo.

Faça um exercício rápido para se conectar com o seu eu observador. Você vai se concentrar em uma mudança que todos experimentamos: envelhecer. Você vai usar todas as suas habilidades do DNA-V para compreender o processo de envelhecimento.

> **Pratique mudar seu ponto de vista**
>
> - Imagine-se como um adulto idoso no hospital, sentado em uma cama prestes a ser submetido a uma grande cirurgia. Imagine-se nessa cama agora.
> - Use seu observador e imagine como você se sentiria deitado nessa cama de hospital à espera de uma grande cirurgia. O que se manifesta em seu corpo? Medo? Ansiedade? Onde você sente isso? Você consegue ver que você é aquele que observa os sentimentos? Então, esses sentimentos não o definem. Não há necessidade de se rotular como ansioso.
> - Que pensamentos do conselheiro estão aparecendo para você quando se vê em uma cama de hospital? Apenas veja esses pensamentos. Talvez você esteja pensando: *Eu sou velho*; *Eu sou fraco*. Ou algo semelhante. Apenas observe que pensamentos lhe ocorrem.
> - Agora mude para o seu descobridor e veja o que você poderia estar fazendo enquanto está sentado nessa cama de hospital. Apenas imagine, para os fins deste exercício, que você está sendo extrovertido e falante. Você está fazendo piadas com a enfermeira. Está falando com entes queridos. Observe-se sendo extrovertido neste momento. Isso não faz de você uma pessoa *extrovertida* o tempo todo. Isso é apenas um rótulo.

Você acabou de mudar de observar seus sentimentos para observar pensamentos e comportamentos. *Você*. Mudou. Existe um *você* que observa e não é limitado por seus pensamentos, sentimentos ou comportamentos.

> Você não é apenas "ansioso" ou "temeroso". Você tem e observa sentimentos. Sentimentos não o definem.

Você entende como pode adotar a perspectiva de observador? Quando você estiver aprisionado pela autocrítica, pare, dê um passo para trás e observe-se pensando, sentindo e agindo. Lembre-se de que rótulos ou conceitos não o definem. Você é quem se alterna entre fazer, observar e aconselhar a si mesmo. Conecte-se com sua perspectiva de observador e saberá pela experiência que você não é palavras. Você é ilimitado.

CUIDADO COM RÓTULOS POSITIVOS

Você se conecta com sua perspectiva de observador quando quer se livrar de rótulos negativos e autolimitantes. Mas há algo que pode surpreendê-lo. Você também pode querer se conectar com o observador para se livrar de rótulos positivos. Talvez você se pergunte, o que poderia haver de errado com rótulos positivos, tais como *Eu sou adorável* ou *Eu sou forte*? Nem todos os rótulos positivos são problemáticos; depende de como você os utiliza. Problemas surgem quando você se apega a rótulos positivos e eles destroem o valor em sua vida. Veja dois exemplos concretos de quando isso acontece.

Apegar-se à ideia de ser bom

Às vezes, você pode se apegar a um rótulo, como *bom*, *talentoso* ou *brilhante*, ou *sou bom em...* [preencha o espaço em branco]. Esses rótulos podem se tornar uma espécie de troféu precioso que você sente que precisa manter a todo custo.[6] Digamos, por exemplo, que você pensa: *Eu sou bom em meu trabalho*. O que acontecerá se você cometer um erro? Daí será *ruim* em seu trabalho? Se você se apega a ser bom, pode evitar comentários sobre seu desempenho, pois eles podem ser negativos. Contudo, você precisa de um *feedback* crítico para melhorar. Você também pode se cercar de pessoas que lhe dizem o quanto você é incrível. Você pode evitar desafios em que poderia falhar e perder sua avaliação de *eu sou bom*. Quando isso acontece, você não cresce.

Apegar-se à ideia de autoimportância

Competir pode ser bom quando isso lhe ajuda a melhorar; é saudável. Um problema surge quando a competição está associada à sua autoimportância, e você age exclusivamente para se sentir *melhor que*.[7] Você começa a tentar se *sentir* bem em vez de tentar *fazer o que é bom* para si ou para os outros. Por exemplo, às vezes você pode comprar coisas caras na esperança de sentir que tem um *status* superior ao dos outros. Ou pode criticar outras pessoas que não lhe dão o que você quer. Ou pode menosprezar aqueles que fazem melhor do que você para não se sentir *inferior*. O único jeito de você poder ser *melhor que* é se alguém for *pior que*. Note que a maior parte dessa ação acontece dentro de você enquanto a outra pessoa pode estar apenas cuidando da sua própria vida. Todo esse ressentimento interno acumulado o coloca em guerra com seu semelhante.

Você precisa usar seu observador para abrir mão da autoimportância, especialmente quando isso causa ruminação raivosa, ressentimento ou inveja. Você não é nem importante nem desimportante. Às vezes, você estará no centro das atenções e será profundamente importante para alguém ou alguma coisa. Às vezes, precisará estar no segundo plano, apoiando os outros. Liberte-se da *importância* e você construirá flexivelmente sua própria força e a de outras pessoas.

COMO USAR CONSELHOS POSITIVOS

Só agora você está na posição correta para usar conselhos positivos porque agora conhece as armadilhas. A perspectiva do observador lhe ajuda a se desprender tanto dos conselhos positivos como dos negativos. Então, em vez de rótulos que o controlam, você os utiliza como uma ferramenta. Pode usá-los para se motivar e se direcionar, ou pode colocá-los de lado, como largar um martelo quando você não precisa mais bater em um prego.

Veja alguns exemplos de como usar melhor o autoaconselhamento. Se você estiver envolvido em uma tarefa difícil, pode dizer *Vamos lá, você consegue*, em vez de *Eu tenho talento para fazer isso*. O segredo é focar em sua ação, não em seu rótulo de ser bom. Caso você receba um *feedback* crítico, pode dizer *Apenas vá mais devagar, tente aprender com isso, você pode lidar com isso*, em vez de reagir à sua vulnerabilidade atacando a pessoa que está lhe dando o retorno. Use o autoconselho que o ajudará a se sentir mais eficaz para lidar com a tarefa, em vez da emoção ligada à tarefa. A pesquisa mostra que, quando a conversa interna positiva está ligada à ação, ela pode melhorar seu desempenho físico e mental.[8]

Considere criar seu próprio autoconselho que o ajudará a crescer e melhorar. A ideia não é fazer declarações positivas para construir seu senso de identidade (p. ex., *Eu sou invencível*). Em vez disso, crie declarações que respaldem sua ação valorizada (p. ex., *Posso melhorar praticando*). Veja algumas ideias:

Eu posso mudar.
Estou indo bem.
Vou fazer uma pausa.
Eu posso conseguir mais do que penso.
Devagar, não há necessidade de ir rápido.
Eu consigo.
Eu confio em mim mesmo.
Posso abrir espaço para dúvidas e seguir em frente.

PRATICANDO PARA SE TORNAR ILIMITADO

Seus passos de prática deste capítulo consistem em se conscientizar sobre como sua conversa interna gruda em você. Quando você inclinar a balança demais para o lado dos rótulos positivos ou para o lado dos rótulos negativos, pratique voltar ao centro. Você também pode passar para o seu observador; faça uma pausa e respire, e lembre-se de que você não é limitado por palavras.

Tornando-se ilimitado

| Observe-se pensando, sentindo e agindo; veja tudo mudando. | Use conselhos positivos e negativos, se isso for útil. | Passe para o observador quando o conselho o estiver machucando. |

Negativo: Aprisionado na autocrítica. Os rótulos o definem.
Não sou bom o suficiente, por isso não posso mudar ou melhorar.

Positivo: Apegado a afirmações positivas.
Sou talentoso. Sou estimado.
O apego pode inibi-lo de correr um risco/cometer um erro; buscar *feedback*.

7

Seu *self* compassivo

A compaixão é o seu caminho para a felicidade sustentada.

Asha está sentada em frente a um parceiro de estudo na biblioteca, com um livro de matemática aberto sobre a mesa, parecendo tensa e confusa. O parceiro de estudo diz com uma voz raivosa, "O que você está esperando? Apenas se concentre!". Asha mexe nervosamente uma caneta entre os dedos. "Você está perdendo tempo", continua o parceiro. "Vamos. Você deixou seu emprego para estudar e agora está perdendo tempo. Resolva o maldito problema!" Asha olha de novo para o livro de matemática e começa a mastigar o lápis. Exasperado, o colega grita: "O que você está esperando? Quer ser reprovada? Resolva isso, sua palerma".

Se você presenciasse essa situação, o que faria? Diria ao parceiro de estudo que ele está sendo abusivo? Sentiria raiva ou ficaria chocado com ele?

Agora imagine esse cenário com Asha estudando sozinha. O parceiro de estudo não está ali. Desta vez, imagine que essas críticas partem do crítico interno de Asha, seu conselheiro. Como você se sente agora? Sua raiva muda para empatia por Asha tentando estudar? Se você é capaz de sentir compaixão por Asha espancando a si mesma, provavelmente é porque também espanca a si mesmo.

Quando você está passando por um momento difícil, sua conversa interna pode ser brutal, não é? O que seu conselheiro severo diz a você? Talvez: *Sou um/a inútil. Ninguém dá a mínima para mim. A vida é injusta. Não confie em ninguém. Apenas desista. De que adianta?*

Quando uma pessoa maltrata a outra, como no exemplo do estudo anterior, é óbvio que o insulto não ajuda. O aluno se tornará menos capaz de estudar com toda aquela crítica. Se houvesse alguém criticando você enquanto estivesse tentando fazer algo difícil, você também seria menos capaz. Sua motivação diminuiria. Sua autoestima despencaria. Você provavelmente se sentiria desequilibrado e inclinado ao estresse ou bloqueio. Talvez até saísse da biblioteca e encontrasse alguma maneira não muito saudável de se acalmar com chocolate, álcool, jogos de azar — cite sua estratégia de esquiva.

A maioria de nós mostraria mais compaixão por um estranho do que por si mesmo. Por que as pessoas não se tratam com a mesma compaixão que teriam com um amigo? Talvez nunca tenham nos mostrado como ou nunca tenhamos conhecido a importância da autocompaixão. Aqui, vamos lhe ajudar a ver como a crítica é comum e desestimulante e como a crítica severa faz você realizar menos em vez de mais. E, então, consideraremos a prática da autocompaixão. Você verá como ser mais gentil consigo mesmo pode torná-lo mais forte.

VOCÊ TEM MEDO DA AUTOCOMPAIXÃO?

Autocompaixão é estar disposto a responder à sua dor e ao sofrimento da mesma forma que um bom amigo faria, com amabilidade, paciência e compreensão. Isso parece fácil, certo? Mas você sabe que não é. A autocompaixão depende de muitos fatores, incluindo cultura, família e gênero. Por exemplo, em algumas culturas coletivistas, a autocompaixão é vista como uma forma de sabedoria e é saliente no cotidiano. Em contraste, outras culturas enfatizam o individualismo e a independência inflexível, vendo a autocompaixão como um atributo negativo.[1] A masculinidade e o poder dentro de uma cultura também podem nos levar a desvalorizar a autocompaixão.

Por fim, na idade adulta, muitas pessoas temem a autocompaixão.[2] Esse medo pode ser intenso, especialmente se você foi duro consigo mesmo para sobreviver. Seu conselheiro aprende a dizer coisas como *Não baixe a guarda ou você vai se machucar* e *Você precisa ser duro consigo mesmo ou nunca conseguirá fazer tudo que precisa*.

Quais das seguintes declarações de medo repercutem em você?

- Se eu for gentil comigo mesmo, vou me tornar uma pessoa fraca.
- Eu não mereço amabilidade.
- Um conselheiro severo me impede de cometer erros ou me mantém disciplinado.
- A única maneira de me motivar é por meio da autocrítica.
- Um conselheiro severo me ajuda a manter minha guarda e me protege.

Se você está imerso em mensagens duríssimas há anos, considere como isso o afetou.

- Pergunte a si mesmo: "Eu tenho medo da compaixão?".

Ao pensar sobre suas autocríticas, você acha que elas são necessárias para mantê-lo atuante ou forte? De acordo com os dados de pesquisas, não. Por exemplo, falar duramente com as pessoas não só deixa de motivá-las, mas também as desmotiva e reduz sua sensação de bem-estar.[3] Os jovens que falam duramente consigo mesmos tendem a sofrer uma redução na esperança e no apoio social ao longo do tempo.[4] Por fim, as pessoas que não têm autocompaixão tendem a ter problemas de saúde mental mais sérios, pior resposta a contratempos e menos motivação para melhorar.[5] É um mito pensar que a autocompaixão o tornará fraco.

AUTOCOMPAIXÃO É ACEITAR QUE VOCÊ CARREGA TODO TIPO DE PENSAMENTO E QUE ELES MUDAM.

ESTOU CONSCIENTE

ESTOU ARRUINADO

ESTOU BEM

© www.dnav.international

Eis uma maneira simples de entender como seu conselheiro severo o prejudica. Imagine que você está trabalhando para um chefe abusivo que fala exatamente como a sua fala interna mais dura. Toda vez que você comete um pequeno erro, o chefe diz coisas como "Que diabos há de errado com você?". Mesmo quando você está indo bem, ele diz: "Não é o bastante. Vai perder o emprego se não fizer mais". Você provavelmente ficaria com medo. Talvez tente agradar o chefe inicialmente, mas isso apenas reforçaria a crueldade dele. Ele pode acabar abusando mais de você: "Você estragou tudo de novo. Você é inútil nisso". O que aconteceria com sua motivação ao longo do tempo? Provavelmente você ficaria desmotivado e menos eficaz em seu trabalho. Você pode até fazer coisas para prejudicar seu chefe, como falar mal dele com os colegas de trabalho.

Agora você pode estar começando a ver como a autocompaixão funciona. Lembra do parceiro de estudo abusivo no exemplo anterior? O que aconteceria se ele começasse a agir como um amigo solidário, sendo encorajador e paciente? Ele poderia dizer coisas como: "É normal ficar tenso por causa da prova. Dê o melhor de si. Você está indo bem". Você acha que a estudante se sairia melhor na prova de matemática? Acha que ela ficaria mais feliz? A resposta é um sonoro sim. Você pode romper com o autoabuso tornando-se um amigo de si mesmo. Lembre-se de como se sentiu empático com Asha antes; estender a compaixão aos outros é útil para si mesmo e para os outros.

VOCÊ MERECE COMPAIXÃO

O sofrimento piora se nos sentimos sozinhos nele. Mas aqui mostraremos que você não está sozinho em sua dor. Faremos isso por meio de um exercício de imaginação, primeiro para nos conectarmos com nosso próprio sofrimento e, então, com o sofrimento de nossos semelhantes.

Considere uma lembrança que faça você se sentir envergonhado. Talvez algo que teria vergonha de contar para outra pessoa, mesmo sabendo que não havia como controlar a situação. Talvez você tenha sido criado na pobreza ou sofrido negligência. Talvez tenha ficado preso em um relacionamento abusivo e sinta vergonha disso. Ou talvez tenha perdido o emprego em uma reestruturação e teve dificuldade para encontrar outro. Ou talvez seja malvado ou impaciente com seus entes queridos, ainda que tente não ser. Pense em qualquer lembrança vergonhosa que o faz sofrer até hoje. Então, mantenha esse pensamento enquanto considera os seguintes dados sobre sofrimento humano:

Saúde mental — 25% das pessoas lutam com problemas de saúde mental em um determinado ano.[6]

Eventos traumáticos na infância — 25% dos jovens sofrem um evento traumático.[7]

Bullying — 50% das pessoas sofrem alguma forma de *bullying* no local de trabalho.[8]

Pobreza — 15% das pessoas que vivem nos Estados Unidos têm uma renda abaixo da linha da pobreza.[9]

Violência contra mulheres — 35% das mulheres nos Estados Unidos sofrerão violência física ou sexual durante a vida.[10]

Esperamos que você veja que o sofrimento é comum e tenha um senso de humanidade em relação a isso. Você consegue pensar naquele um entre quatro que tem problemas de saúde mental entre seus familiares, amigos e colegas? Quem entre seus conhecidos talvez enfrente violência de gênero? Você sabe qual de seus amigos é aquele um entre dois que sofreu *bullying*? Provavelmente não. Nós escondemos nossa dor. Os dados mostram que as pessoas guardam problemas de saúde mental em segredo, e muitas nem procuram ajuda.[11] O Buda acertou quando afirmou que a vida é sofrimento; os dados confirmam.

Você não está sozinho em seu sofrimento. Você merece compaixão, de si mesmo e dos outros. Vamos colocar de outra forma: ou você merece compaixão, ou ninguém a merece. Todo ser humano já cometeu erros e sofreu. Toda pessoa tem lembranças vergonhosas que guarda em segredo.

Já discutimos por que isso acontece nos capítulos anteriores, mas eis uma recapitulação. Você pode sofrer porque fica preso naquela zona de hábito, repetindo os mesmos velhos comportamentos em vez de entrar na zona do descobridor. Você pode ficar preso porque adota estratégias destrutivas para controlar seus sentimentos e às vezes permite que seu conselheiro que não está ajudando governe sua vida. Também é provável que você se esqueça de se envolver com seus valores. A culpa não é sua; esses problemas não são unicamente seus. Eles são verdadeiros para todas as pessoas.

Eis a grande lição. Todo ser humano tem alguma vergonha. Seus entes queridos têm. Mesmo pessoas superconfiantes têm. Quando sente vergonha, você se sente inadequado. A vergonha é uma emoção evolutivamente adaptativa. É a emoção que diz faça melhor, seja melhor e acompanhe seu grupo. É por isso que a vergonha está presente em todos. O problema é que a maioria das pessoas não sabe disso e não entende a vergonha. Nos sentimos sozinhos e pequenos. É a maneira como nossos sentimentos e pensamentos foram moldados pela cultura e pelas normas sociais. O problema não é que a vergonha é uma emoção. O problema é que temos culturas que não ensinam a ter compaixão em relação ao fracasso ou às dificuldades, e, assim, internalizamos nossa vergonha. A compaixão muda tudo porque você sabe que seu sofrimento é compartilhado. Você sabe que não sofre porque é ruim, azarado ou merece sofrer. Você sofre porque é humano.

O sofrimento não é culpa sua. Contudo, talvez seu medo seja de, caso livre a si mesmo de qualquer punição, não tentar mais, ou estragar tudo ou se tornar egoísta. Isso é medo da autocompaixão, ser duro consigo mesmo para tentar motivar uma ação positiva. Deixe esse medo de lado. Seu objetivo é ficar mais forte, não se punir. Você precisa e merece a cordialidade, a paciência e a compreensão de um amigo para sustentar sua motivação.

- Como seria sua vida se você aceitasse suas fraquezas como parte de ser humano?
- Como seria sua vida se você não tivesse que se esconder atrás de uma máscara?

Se contou com um conselheiro crítico severo durante a maior parte de sua vida, você não irá achar a autocompaixão fácil. Será um novo hábito. Será como de repente decidir escrever com a mão não dominante. Com a prática, você se sentirá mais confortável com isso.

A primeira coisa a saber é que ser amigo de si mesmo não envolve lutar contra seu conselheiro severo. Lembre-se: brigar com seu conselheiro só o torna mais forte. Você não quer lutar contra si mesmo. Você deseja *redirecionar seu conselheiro, não resistir a ele*. A maneira mais rápida para isso é fazer uma pausa, dar um passo para trás e ver a si próprio como se estivesse a distância, como um observador. Lembre-se de que você não é seus pensamentos ou sentimentos; você é ilimitado, e pensamentos e sentimentos são uma parte de você que muda. Vamos fazer isso agora.

Praticar o ponto de vista do amigo

1. Lembre-se de um momento em que você foi duro ou crítico, ou seja, quando estava usando seu conselheiro para se atacar. Tente evocar as palavras e o tom de sua conversa interna. Veja alguns exemplos do que as pessoas às vezes dizem a si mesmas:

   Você não é bom o suficiente.

   Você é tão burro.

   Você não está fazendo o suficiente.

   Por que tudo acontece comigo?

   Eu me odeio.

2. Repita suas duras críticas a si mesmo. Ao fazer isso, observe o que está acontecendo em seu corpo enquanto seu conselheiro o critica. Qual é a sensação de se atacar? Onde você sente a tensão? Faça uma pausa por um momento e experiencie o autoabuso.

3. Agora dê um passo para trás. Imagine-se fora do seu corpo e de pé a poucos metros de si mesmo. Você está olhando para você mesmo enquanto se critica, se espanca ou sofre de alguma forma. O que você vê de fora? Como você é quando é duro consigo mesmo? Talvez esteja curvado sobre uma cadeira ou pareça distraído ou triste. Talvez esteja esfregando a testa e parecendo estressado. Talvez esteja deitado na cama se revirando. Veja-se sofrendo do modo como um observador o veria.

4. Agora que tem uma visão clara de si mesmo em momentos difíceis, você está pronto para experimentar o ponto de vista do amigo. Veja a si próprio como um bom amigo o veria. Olhe para si mesmo com compaixão, paciência e amorosidade. Talvez você possa colocar gentilmente a mão sobre o coração e dizer algo reconfortante ou encorajador. O que o seu querido amigo diria se o visse em dificuldades?

Não se preocupe se for difícil conseguir alcançar o *ponto de vista de um amigo* imediatamente. Não torne este exercício mais um motivo para se atacar. Lembre-se de que é preciso prática. Com o ponto de vista de um amigo, você pode aprender a se motivar com paciência e palavras de apoio em vez de maus-tratos. Torne-se um amigo para si mesmo. Esse é o segredo para desenvolver uma motivação duradoura, do tipo que você precisa para transformar sua vida e tornar-se mais forte.

CRIE UMA ROTINA DE AUTOCOMPAIXÃO

Você pode sentir resistência em praticar autocompaixão se ela não for familiar. Você não pode usar seu conselheiro para se convencer de que a autocompaixão é uma coisa boa. Seu conselheiro está lá para mantê-lo seguro, não para ajudá-lo a se sentir bem. Se ficar travado, saia fora de seu conselheiro e mude para o seu descobridor. Experimente algumas novas atividades compassivas e veja o que acontece. Se o seu conselheiro estiver certo e sua autocompaixão acarretar problemas, você sempre pode deixar a ação de lado e tentar outra coisa. E, claro, sempre pode voltar a usar um conselheiro severo. Esperamos que você possa experimentar e perceber que isso não é a melhor coisa.

Em vez disso, pratique cuidar de si mesmo. Neste caso, você vai querer usar seu valorizador. Escolha atividades que tragam energia positiva para sua vida. Ou escolha atividades que agregam valor ao longo do tempo. Nós as dividimos em dois tipos: atividades que o acalentam e lhe ajudam a se sentir calmo, contente e relaxado, e atividades que o desafiam e lhe ajudam a se sentir animado e entusiasmado. A lista é apenas para fazer você começar a pensar.

Sabemos por meio de pesquisas que as pessoas que cuidam de si mesmas fazem mais, são mais eficazes e mais felizes.[12] Talvez você hesite porque acha que tem muito trabalho ou muitas tarefas domésticas. Esse é o seu conselheiro falando. Para ser um descobridor, você vai precisar carregar as dúvidas de seu conselheiro enquanto experimenta algumas novas atividades de autocuidado. Talvez descubra que pode cortar atividades não vitais, como navegar nas redes sociais ou assistir à televisão. Talvez descubra que se envolver em atividades valorizadas o torna mais eficaz no cumprimento de seus outros deveres e tarefas. A única forma de descobrir é tentar algo novo.

Atividades de acalanto Energia = calmo, contente, relaxado	Atividades divertidas e desafiadoras Energia = excitação, entusiasmo, absorção
Fique atento à sua respiração.	Aprenda algo novo.
Durma bastante com sono de alta qualidade.	Exercite-se (algo desafiador, como escalada ou esqui).
Coma algo saudável.	Compita em um esporte.
Faça pausas para o almoço.	Toque um instrumento musical.
Faça uma caminhada na hora do almoço.	Participe de uma aventura.
Faça alguma atividade com um animal de estimação.	Assuma um projeto do tipo faça você mesmo.
Escute música.	Escreva uma história ou um ensaio.
Conecte-se com amigos.	Desenvolva um *software* ou um *site*.
Tenha contato com a natureza.	Faça uma trilha.
Desligue seus aparelhos eletrônicos.	Resolva quebra-cabeças.
Exercite-se (algo relaxante como ioga ou Tai-Chi).	Seja voluntário em sua comunidade.
Desfrute de uma refeição ou cozinhe.	
Expresse amor.	
Medite.	
Leia.	
Faça artesanato, como costura, tricô ou ponto cruz.	
Faça atividades artísticas, como pintura e desenho.	

- Você consegue pensar em alguma atividade de autocuidado que deseja iniciar em breve?
- Dê um nome à sua atividade vital escolhida e considere um dia e hora para praticá-la (pode ser apenas cinco minutos).
- Comece.

PRATICAR A COMPAIXÃO PARA SE TORNAR MAIS FORTE

Talvez você não tenha familiaridade com as práticas de compaixão, então pegue uma cópia deste lembrete e afixe-o em algum lugar visível no seu dia a dia. Quando você perceber que está sendo excessivamente crítico ou estiver fraco em autorreflexão, retorne ao equilíbrio com esses passos. Lembre-se de praticar a compaixão com o ponto de vista do amigo.

A compaixão é o caminho para a felicidade sustentada

Pratique visualizar a si mesmo pelos olhos de um amigo.

Praticar a compaixão por si mesmo e pelos outros vai torná-lo mais forte, não mais fraco.

Descubra rotinas de compaixão.

Críticas duras: Autoabuso/críticas trazem medo da compaixão e desmotivação.

Autorreflexão fraca: Não avaliar ações, ser insensível ao *feedback* de si mesmo ou de outras pessoas.

8

Seu *self* realizador

A chave para o sucesso é agir. Aja repetidamente e você terá êxito.

É hora de sonhar alto. O que você gostaria de melhorar ou dominar? Você quer melhorar em sua carreira, em algum esporte, em um *hobby*, nos negócios, em criação, construção, programação, liderança ou outra coisa? Imagine que tudo é possível. Este capítulo é um roteiro sobre como atingir seu potencial máximo.

Os capítulos anteriores prepararam vocês para este momento. No Capítulo 5, você aprendeu a deixar sua casca protetora para trás e permitir-se sentir vulnerabilidade a fim de desenvolver uma vida mais ampla. O Capítulo 6 mostrou que rótulos autolimitantes não precisam impedir você de crescer. No Capítulo 7, você aprendeu que pode sustentar sua motivação por meio de práticas compassivas, em vez de uma conversa interna crítica. Agora você está pronto para crescer além do que possa ter pensado ser possível.

O CAMINHO DO APERFEIÇOAMENTO

Se você estiver pronto para melhorar, este capítulo irá ajudá-lo. Independentemente do que escolher para focar, sua jornada de realização passa por vários estágios: você inicia como principiante, passa para competente, depois para especialista e, finalmente, para mestre.[1] Podemos optar por permanecer no nível principiante ou competente em relação a atividades nas quais não valorizamos investir mais tempo. Entretanto, não queremos ficar no nível competente em coisas que são profundamente importantes para nós. Gostaríamos de alcançar a maestria, mas, muitas vezes, isso não acontece. Não porque carecemos de genes ou talentos específicos, mas porque tornar-se um mestre em algo requer trabalho lento, constante e árduo, muitas vezes durante anos. E nos deparamos com três grandes obstáculos para alcançar a maestria:

1. Temos demandas conflitantes, como a vida e outras responsabilidades.
2. Deixamos nosso conselheiro conduzir nossa vida, focando na resolução imediata de problemas, e não nas coisas com as quais nos importamos.
3. Queremos evitar os sentimentos difíceis que surgem com a prática.

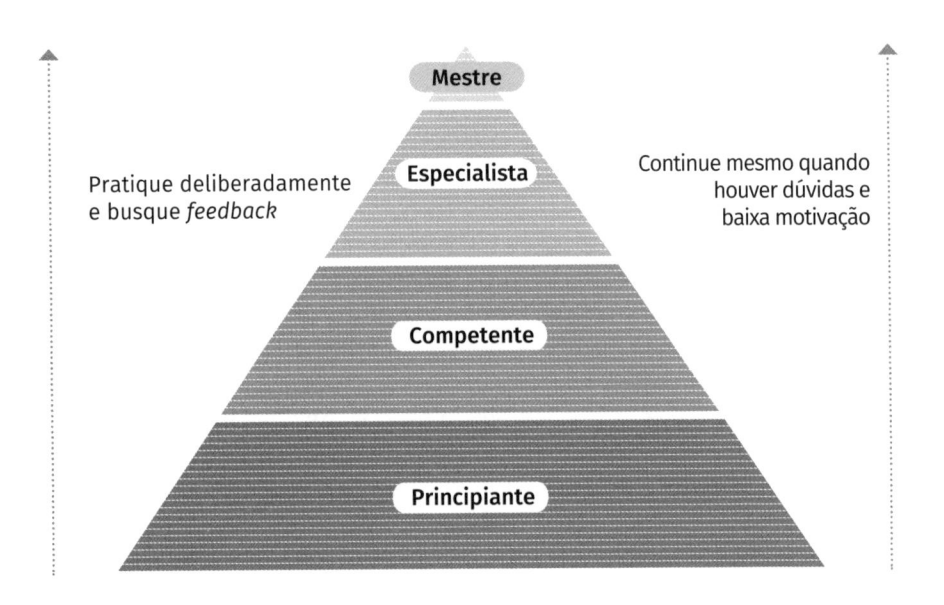

Considere o que você deseja melhorar e quanto tempo e esforço quer dedicar a isso. Mostraremos o que cada etapa da jornada pode implicar.

Principiante é onde você tem pouco conhecimento ou habilidade. Seu conselheiro pode não gostar que você esteja aqui. *Você parece um idiota tocando esse instrumento*, ele pode dizer. Quando você ouve seu conselheiro pessimista, muitas vezes não inicia a jornada de conquista. Você precisará redirecionar seu conselheiro ao iniciar. No nível de principiante, as coisas vão parecer difíceis e, às vezes, insuportáveis. Por exemplo, se estiver aprendendo um novo esporte, você pode ter dificuldade para executar as etapas essenciais. Tudo pode parecer antinatural ou confuso. Se estiver aprendendo um novo idioma, você terá dificuldades com cada palavra, e frases inteiras podem sobrecarregar sua compreensão.

Competente significa que você tem alguma experiência e pode usar seu conhecimento para focar o que é essencial. As coisas ficarão mais fáceis, e você pode querer se estabelecer nesse nível: obter boas avaliações de trabalho, praticar seu esporte ou instrumento musical em um nível competente, preparar refeições muito boas, ser um líder satisfatório ou um programador razoável, ou ser capaz de falar um espanhol aceitável. Talvez este nível seja suficiente para a maioria das coisas que você faz. Mas existe alguma paixão que você queira levar adiante?

O nível de *especialista* é alcançado por meio de muitos anos de trabalho árduo e deliberado. Ser um especialista significa que você pode executar a tarefa escolhida com facilidade e habilidade. O violonista experiente sabe instantaneamente onde suas mãos precisam estar para cada acorde. O engenheiro de robótica sabe como projetar novos sistemas. Especialistas em idiomas falam de forma fluente e entendem instantaneamente. O *chef* experiente sabe de qual ingrediente um prato precisa sem ter de consultar um livro de receitas. O desempenho de excelência pode parecer mágico porque aparenta não exigir esforço. Lembre-se, porém, de que esse desempenho de especialista é construído após anos de esforço.

Mestre é o nível mais alto na área escolhida por uma pessoa. Podem ser pianistas de concerto, empresários, autores renomados, diretores executivos ou atletas profissionais. Tornar-se um mestre geralmente leva uma vida inteira de dedicação.

Se você escolher, pode trilhar o caminho para a *expertise*. Talvez não se torne um profissional, mas pode tornar-se mais habilidoso e aumentar seu senso de realização. Ao longo do caminho, talvez você decida alcançar o nível de mestre na atividade escolhida. Quem sabe? Só há um meio de descobrir.

1. *Identifique a que se dedicar*, qual habilidade você deseja desenvolver.
2. *Desenvolva um plano de prática deliberada* que envolva tirá-lo de sua zona de conforto.
3. *Prepare-se para o medo, a autodúvida e a baixa motivação*, pois qualquer pessoa que tenha atingido o auge de sua disciplina teve dúvidas em relação a si mesmo e falta de motivação, e provavelmente continua tendo esses sentimentos, mas não permite que isso a detenha.

Primeiro passo: Identifique a que se dedicar

O primeiro passo é decidir o que você deseja alcançar. Pense em uma atividade na qual quer se aperfeiçoar. Veja alguns domínios de atividades a serem considerados:

- Interpessoal (relacionamentos, falar em público, lecionar, treinar, construção de comunidades)
- Intrapessoal (meditação, espiritualidade, registro em diários, leitura, autocompaixão)
- Físico (esportes e exercícios)
- Intelectual (aprender algo novo, dominar algo na esfera intelectual)
- Técnico (passos de dança, construção de coisas, conserto de coisas)
- Criativo (artes visuais, música, canto, culinária, jardinagem)
- Indústria (dirigir um negócio, gerenciar pessoas)
- Humanitário (montar uma instituição de caridade, voluntariado)

Agora, considere se a atividade na qual deseja trabalhar reflete como você deseja viver. Se o valor sustenta sua ação, é mais provável que você tenha motivação sustentada ao longo do tempo.

> *Abandone as ocupações vazias;*
> *coloque seus esforços em atividades que promovam a vida.*

Pense na atividade na qual você deseja se empenhar e, em seguida, responda às seguintes perguntas:

1. A atividade reflete o tipo de pessoa que você quer ser em seu coração (não pela aparência ou pelo *status* social)?
2. A atividade é uma paixão?
3. A atividade traz significado ou propósito para sua vida?
4. A atividade permite que você se conecte com outras pessoas?
5. A atividade está em harmonia com outros aspectos da sua vida?

Para ter uma motivação sustentada, você deve responder sim à maioria dessas perguntas. Você não quer dedicar tempo a algo com que não se importa muito; esse é um caminho certo para a desmotivação.

Segundo passo: Desenvolva um plano de prática deliberada

Você pode estar preso no dilema moderno. Como a maioria das pessoas, você provavelmente às vezes se sente oprimido pela vida. Muitas obrigações, pouco tempo. Considere por um instante se sua energia está sendo direcionada para o que ama. Se a resposta for não, é hora de mudar.

> Mude o paradigma: faça o tempo valer.

Considere esta analogia: O Bispo é um jogador de xadrez competente e passa milhares de horas jogando xadrez rápido, mas seu progresso é lento. O Bispo se frustra e acha que precisa de um pouco de sorte; talvez mudar seu nome para Rei possa ajudar. Talvez isso o ajude a vencer algumas partidas. Infelizmente, desejos aleatórios não permitirão que ele (ou você) melhore. O problema do Bispo é que simplesmente jogar ou desejar não funciona. Jogar xadrez rápido é confortável e fácil para ele, mas ele não estuda seus erros. Ele joga uma partida e depois corre para a próxima.

Para se aperfeiçoar, ele precisará entrar em seu espaço de descobridor. O Bispo precisa sair de sua zona de hábito, expondo-se deliberadamente a desafios com os quais nem sempre pode lidar. Essa zona é confortável, mas nada demais acontece ali. Fora da zona de hábito, o Bispo receberá *feedback* de suas falhas e reveses, bem como de suas vitórias. A pesquisa mostra que pessoas como o Bispo precisarão se esforçar para resolver problemas complexos de xadrez muitas vezes e perder jogos em torneios de xadrez repetidamente.[2] Cinco horas praticando na zona desconfortável provavelmente correspondem a 20 horas de xadrez rápido e confortável. A qualidade do envolvimento é mais decisiva do que a quantidade.[3]

De volta a você.
Considere o que gostaria de realizar.
Agora, engaje-se na prática deliberada usando estas três etapas:

1. *Aceite o desconhecido.* Para se aperfeiçoar, muitas vezes você precisa fazer algo novo. Por exemplo, se deseja melhorar o desempenho no trabalho, pode procurar um orientador profissional. Ou, se quer ser mais sociável e fazer amizades, talvez possa considerar a possibilidade de passar das

aulas *on-line* de *tai chi* para ingressar em um grupo local. Sair dessa zona de hábito para o desconhecido é crescimento. Isso faz sua energia girar em direção ao valor.

2. ***Ingresse na vida com ousadia.*** A seguir, defina algumas metas vinculadas à ação. Considere quais etapas você seguirá para desenvolver sua habilidade. Estabeleça metas no ponto ideal,[4] que não sejam fáceis demais, nem tão difíceis que você se frustre, fique esgotado ou se machuque. Por exemplo, se abordar um mentor parecer ousado demais, você pode participar de um grupo de discussão *on-line* em sua área de atividade. Se for aprender a tocar violão, escolha uma música que o desafie, algo que você não possa *fazer dormindo*, mas que não seja tão difícil a ponto de desanimá-lo. Só você pode decidir onde está o ponto ideal do desafio.

3. ***Aprenda com seus erros.*** Preste atenção aos seus resultados e meça seu progresso. Por exemplo, se você estiver participando de uma aula de *tai chi*, observe se está fora de compasso, ajuste seus movimentos e peça um *feedback*. Se estiver aprendendo a tocar violão, grave-se tocando alguma coisa agora e faça isso novamente algumas semanas depois. Observe onde você está melhorando e onde precisa se aperfeiçoar. Busque *feedback* de um professor. Lembre-se de que crescer envolve aceitar opiniões, não se martirizar.

Terceiro passo: Prepare-se para o medo, a autodúvida e a baixa motivação

Erros o tornarão mais forte. Parta do princípio de que, sempre que deixar sua zona de hábito e entrar no seu espaço de descoberta, você cometerá erros. A prática deliberada não é fácil. Você perderá sua confiança e seu conselheiro fará você duvidar de si mesmo. Lembre-se: os erros são o ponto principal da descoberta. Suas dúvidas sobre si mesmo não precisam atrapalhar o seu caminho.

A próxima ilustração mostra como ocorre a conquista. Cada passo para cima representa uma melhoria da prática deliberada ou estudo. Observe que, a cada passo em direção à conquista, seus pensamentos e sentimentos mudarão. Em alguns dias, você se sentirá confiante; em outros, desmotivado ou inseguro. Você não tem controle sobre sentimentos e pensamentos, porque quando se esforça para se aperfeiçoar, aumenta o risco de erros e reveses e, portanto, de autocrítica. O que você pode controlar é a sua prática. Continue trilhando seu caminho de vida e tenha fé que esforços deliberados o ajudarão a melhorar. Continue movendo suas mãos e pés em direção aos seus objetivos.

CONTINUE AVANÇANDO, MESMO QUE SE DEPARE COM DECEPÇÕES, AUTODÚVIDAS E REVESES.

Quando o medo e a dúvida atrapalharem, lembre-se de voltar ao momento presente. A instrução mais objetiva nos esportes é: *Fique de olho na bola*. Existe uma variante disso na maioria das atividades: *Ouça realmente a música enquanto toca* ou *Esqueça a partida anterior, concentre-se no agora*. Quando aprendemos coisas novas ou tentamos nos aperfeiçoar, muitas vezes ficamos com a cabeça cheia de instruções — e deixamos de focar a tarefa. Quando não está no presente, você se torna insensível às exigências da situação. Também fica menos ciente do *feedback* e menos capaz de aprender. Assim, uma habilidade crítica para a excelência é identificar quando você deixou o momento presente e, então, retornar.

Diz-se que a respiração recalibra o ritmo do universo. Como escreve Timothy Gallwey em *O jogo interior do tênis*: "Quando está presa ao ritmo da respiração, a mente tende a ficar absorta e calma. Tanto na quadra como fora dela, não conheço nenhum modo melhor de reduzir a ansiedade do que colocar a mente no processo de respiração".[5] A maneira mais simples de voltar ao presente é ancorar-se, desacelerando a respiração (veja os exercícios no Capítulo 3).

A respiração também pode ajudar com o estresse da conquista, mas o objetivo não é eliminá-lo. Isso é impossível. Tentar eliminar todo o estresse é outra forma de recuar para a zona do hábito. Aprender, competir e se expandir para fora de sua zona de hábito envolve uma certa quantidade de estresse. Você estressa seu corpo quando faz treinamento de resistência ou pratica algo difícil. Você estressa sua mente quando está tendo dificuldades em aprender algo novo.

Você também precisará de um tempo de recuperação após uma prática estressante. Assim, certifique-se de tirar alguns dias de descanso, praticar atividades relaxantes, alimentar-se bem e dormir o suficiente.

> Não há êxito sem estresse.

Pessoas empreendedoras atentam para o estresse em seus corpos e detectam quando o estresse benéfico está se transformando em estresse prejudicial. Sinais de estresse excessivo incluem fadiga, irritabilidade, agitação, sensação de esgotamento ou declínio dos resultados. Se isso acontecer, é hora de descansar.

> Estresse e descanso são duas faces da mesma moeda. Você precisa de ambos para realizar.

USE SEU CONSELHEIRO COMO PARCEIRO DE TREINAMENTO

Seu conselheiro desempenha um papel em suas conquistas. Você precisa de regras e instruções que lhe digam quando você está iniciando: *Fique atrás da linha ao sacar e devolva a bola dentro das linhas*. Seu conselheiro pode, então, internalizar essas regras para lembrá-lo de *manter a bola dentro das linhas*. Depois que aprende, seu conselheiro não é mais necessário porque você desenvolverá hábitos. É como aprender a dirigir um automóvel. Quando você está aprendendo, há várias instruções ao mesmo tempo — olhe para a esquerda, olhe para a direita, acione a seta e acelere enquanto solta lentamente a embreagem — mas, depois que já domina a direção, você mal pensa nessas instruções. (Até você tentar ensinar a um novo motorista e perceber como é complicado.)

Depois de se tornar habilidoso, você entra cada vez mais em um *estado de flow*, onde fica absorto na tarefa. Um dançarino em estado de *flow* não precisa que seu conselheiro lhe diga: *Pé esquerdo primeiro, depois estique a ponta*. Ele faz isso intuitivamente. Esses podem se tornar momentos prazerosos da vida, entrar no fluxo e estar presente com uma atividade que você valoriza, com seu conselheiro permanecendo em silêncio.

Às vezes, há tensão entre seu conselheiro e suas realizações. Ele costuma ser útil, mas também pode interferir em comportamentos complexos. Vamos dar uma olhada no exemplo de Ann de quando seu conselheiro atrapalhou sua realização.

> Passei três anos estudando arte dramática. Depois de dois anos desempenhando vários papéis menores, fui escalada como protagonista. Eu estava

animada, mas nervosa. Como em muitos papéis criativos ou de desempenho, eu precisava estar plenamente no momento para ser autêntica e "real" no palco. Então, a pressão ficou grande. Foi um estranho paradoxo. Na frente de uma plateia pagante, repleta de pessoas da minha família, amigos e professores me avaliando, eu precisava abrir mão do controle. No entanto, meu conselheiro tinha outras ideias. Para me proteger da ameaça de fracasso, ele decidiu me dar instruções sobre como exatamente "me soltar", procurando me lembrar de "ser espontânea", "ouvir com autenticidade" e "parecer surpresa". Foi um desastre. Eu estava robótica, artificial e um fracasso no palco. A tentativa de meu conselheiro de controlar minha espontaneidade acabou por destruí-la. Infelizmente, nunca mais tive outra chance de interpretar um papel principal depois daquele episódio. Ainda sinto tanta vergonha quando me lembro disso. Mas eu aprendi a nem sempre deixar meu conselheiro ficar no comando.

Há pelo menos duas instâncias em que seu conselheiro, ou conversa interna, não é útil para obter êxito. Primeiro, quando algumas coisas são muito complexas para colocar em palavras e são mais bem compreendidas por meio de sua memória corporal e prática do que pela falação interna de seu conselheiro. Segundo, quando seu conselheiro pode prejudicar o desempenho concentrando-se em coisas irrelevantes à tarefa.[6] Durante uma atividade, a última coisa que você quer fazer é se preocupar com uma futura partida ou algum erro do passado. Conquistas de ponta requerem 100% de energia concentrada.

Isso nos leva de volta às etapas básicas do conselheiro no Capítulo 2.

1. **Conheça-o.** Observe quando seu conselheiro o está ajudando *e* quando o está distraindo ou prejudicando seu desempenho. Se ele não estiver ajudando, passe para a segunda etapa.
2. **Redirecione-o, em vez de resistir a ele.** Não há necessidade de lutar contra o seu conselheiro ou controlar seus pensamentos. Em vez disso, mude para o seu observador fazendo uma pausa e uma expiração lenta. Dirija suavemente sua atenção de volta para a tarefa. Depois, avance para a terceira etapa.
3. **Governe-o (com regras práticas).** Algumas conversas internas podem ser úteis em sua busca da construção de *expertise*.[7] Sua conversa interna deve se concentrar no momento presente, sem se deter em erros passados ou resultados futuros. Por exemplo, provavelmente seria inútil dizer a si mesmo: *Não continue cometendo os mesmos erros estúpidos*. Isso desloca a energia para longe do presente, onde ela é mais necessária. Certifique-se de que as declarações de seu conselheiro funcionem para você. Veja

alguns exemplos, mas lembre-se de criar suas próprias regras. Pratique uma conversa interna que seja útil *para você*:

Aumente a motivação — Você pode fazer isso! Fique firme. Mantenha-se forte.

Aumente a aceitação de experiências difíceis — Ter dúvidas sobre si mesmo é parte normal de se aperfeiçoar.

Sugira uma estratégia eficaz — Desacelere e respire (quando estiver correndo). Mantenha a calma.

Mantenha-se interessado no momento presente — Concentre-se nesta etapa.

Concentre-se em habilidades específicas — Aprimore seus pontos fortes.

Use expressões **quando-então** – Quando eu estiver me sentindo cansado, então farei mais uma repetição e, depois, vou parar.

PRATICAR PARA ALCANÇAR

As etapas práticas neste capítulo irão ajudá-lo a manter o equilíbrio enquanto você se empenha para alcançar seus objetivos. Pratique manter-se equilibrado, sem desafios excessivos ou insuficientes.

Self realizador

Identifique algo em que queira trabalhar e estabeleça um vínculo com o valor.

Prática deliberada: aceite o desconhecido, dê passos ousados, aprenda com os erros, equilibre estresse e descanso.

Use o observador para focar e o conselheiro como seu parceiro de treino.

Desafio excessivo: Desafios muito difíceis, alto estresse, pouco descanso, desafio não orientado ao valor.

Desafio insuficiente: Desafios fáceis demais, parar de se esforçar sempre que sente dúvidas ou desmotivação, evitar sair da zona de conforto.

9
Sua consciência profunda

A paz não é a ausência de estresse; a paz é encontrada dentro de sua prática de consciência.

Todas as manhãs, o sol nasce e o mundo se transforma, a escuridão desaparece e você mal se lembra da sombra dela. A possibilidade retorna. Os pássaros celebram esse momento com música, sentindo o poder do amanhecer. Você também tem esse poder de transformação. Em certo momento, você está parado na escuridão da madrugada, com dificuldade para respirar, lutando contra pensamentos negativos, cansado da vida — então, uma pequena ação pode trazer luz. Talvez você cumprimente o sol, diga olá ao passageiro sentado ao lado no ônibus, diga sim para aquele trabalho ou aperte o botão de inscrição naquele curso de pintura que queria tanto fazer. Esses pequenos momentos o levam adiante. Eles abrem a consciência dentro de você.

Esses momentos são o foco deste capítulo. Você vai aprender a capturar pequenas mudanças internas e usá-las para resgatar sua vida. Ao trabalhar neste capítulo, você verá que nunca se perde a vitalidade; ela está sempre a um passo de distância. Uma porta corrediça da luta para a paz. Não dê as costas à mudança. Os pássaros não privam o amanhecer de seu canto, e você também não deveria. Fique. Então, você descobrirá o brilho de viver com possibilidade.

Este capítulo apresenta três práticas que o orientam no caminho para uma consciência profunda. Cada prática tem instruções e uma gravação correspondente em inglês, que pode ser baixada em http://dnav.international. Com elas, você pode aumentar sua presença, obter tranquilidade e, inclusive, melhorar sua concentração e suas realizações. Com a prática, seu novo superpoder pode se tornar equanimidade — a capacidade de manter a calma em qualquer tempestade.

TORNANDO-SE MAIS LIVRE DIANTE DA LUTA

Antes de apresentarmos essas práticas, vamos primeiro discutir por que a prática é tão essencial. O mundo mudou você. Você já está vivendo há tanto tempo, que *o que vivenciou* pode ser confundido com *quem você é*. Por exemplo, se foi vitimado, pode pensar que é uma vítima. Se fracassou em alguma coisa, pode pensar que é um fracassado. Nem tanto. Você *vivenciou* um passado — mas não precisa se tornar esse passado.

Ao nascer, você era como água limpa. Pense na sua história como folhas de chá que caíram na água, transformando sua cor, seu sabor e seu cheiro. Contudo, a água permanece; está sempre dentro do chá. Assim como seu *self* limpo também permanece.

O mundo lhe apresentou desafios e problemas, e você lutou com garra em busca de suas soluções. Você estudou, construiu amizades e amor, encontrou um emprego e superou todos os incômodos da vida diária — pagar contas, lavar sua roupa, chegar pontualmente ao trabalho, lidar com dificuldades com outras pessoas, etc. Seu cérebro e seu corpo reagiram a cada um desses desafios da vida moderna lançando hormônios de luta ou fuga em sua corrente sanguínea. Sempre que superava um problema, esses hormônios se dissipavam, você relaxava e era recompensado com um hormônio de bem-estar, como a dopamina. Contudo, se você estiver constantemente no modo de luta e fuga, estar em um estado relaxado pode parecer um problema. É como se você tivesse baixado a guarda e o perigo pudesse chegar sem ser visto. Quando foi a última vez que você relaxou sem aquela sensação assustadora de que *deveria* fazer alguma coisa?

Não perca de vista o que ainda está dentro de você. Na infância, você ria com pura alegria apenas porque alguém lhe sorria. Aquela pureza — aquela total abertura ao momento — ainda está dentro de você. Se praticar, pode deixá-la aflorar novamente. Você pode ver o mundo como bom, pelo menos às vezes. Você também pode aprender a ver seu corpo como bom. Pode abrir seu conselheiro para novas ideias. Pode descobrir que a vida tem mais. Pode ver as outras pessoas como boas. É preciso prática para ter certeza. Mas você *pode* aproveitar a experiência como ela é, não como sua mente diz que é, obscurecida pelas dificuldades da vida. A experiência está no azul do céu, no frescor da chuva, nos olhos de quem você ama ou na sensação de um abraço. A capacidade está dentro de você.

PRATIQUE A COISA CERTA

Você está ciente de que pratica seu estado psicológico até que ele se torne um hábito? Funciona assim: se você pratica ficar estressado, sua zona de hábito é estressante. Se você pratica a tranquilidade, então a tranquilidade se tornará seu hábito. A pesquisa comportamental mostra que seus pensamentos, sentimentos e ações seguem esse paradigma básico de reforço.[1] A preocupação é um exemplo claro. Digamos que você se preocupa muito com o seu trabalho. Você pensa nele quando está acordado e quando está dormindo. Cada vez que você se preocupa, está reforçando a si mesmo por *aparentemente fazer algo* sobre o problema. Mas é uma armadilha. Preocupar-se não muda sua situação de trabalho, apenas *parece ajudar*, mas isso lhe custa o presente e o coloca firmemente em uma zona de hábito que você provavelmente não quer.

Esses princípios comportamentais de reforçamento compartilham conclusões semelhantes a práticas contemplativas centenárias. Por exemplo, 2.500 anos atrás, Buda Gautama iniciou seus experimentos introspectivos na esperança de descobrir os segredos do sofrimento humano. Ele colocou suas perguntas à prova por décadas de meditação profunda, introspecção e debate — e também chegou à conclusão de que sua experiência cotidiana depende do que você pratica. O sofrimento é maior quando nosso hábito está lutando contra. A paz é maior quando a praticamos também.

Pergunte a si mesmo, então, qual é o seu estado psicológico habitual? Com a prática, você pode criar uma nova vida na qual a dúvida e o medo não dominem, porque você pratica deixá-los ir e vir. Você anseia pela paz, então a pratica. Se não praticar, como vai ficar em paz?

PRÁTICAS PARA CRIAR SEU *SELF* INDESTRUTÍVEL

Mova-se para a zona do descobridor agora. Visualize como você era antes de todas as suas experiências o terem mudado. Afaste-se de seus rótulos, julgamentos, avaliações e hábitos, e veja que você já foi completo e capaz de *apenas ser*. Você provavelmente nunca pensa em si mesmo como inteiro e completo. Contudo, provavelmente é capaz de olhar para um recém-nascido e vê-lo dessa forma. Nós o convidamos a começar a considerar a noção de que existe uma parte de você que é indestrutível, mesmo que seja difícil de ver.

Esse eu indestrutível e ancorado está esperando para crescer por meio da prática que descrevemos agora. Existem evidências da neurociência que mostram que as práticas de meditação como as que descrevemos podem mudar seu cérebro em semanas.[2] Com apenas um pequeno investimento de tempo a cada dia, você pode desenvolver mais equanimidade, aprendendo a manter o equilíbrio e a calma em qualquer tempestade.

O tipo certo de prática e sua intenção são importantes. Você não quer praticar para se tornar um funcionário melhor ou uma peça melhor na engrenagem da máquina. Não estamos defendendo o tipo de *mindfulness* (consciência plena) superficial, desprovido de propósito, sem fundamento e que pode aumentar o egoísmo. Isso às vezes é chamado de McMindfulness,[3] e não tem os mesmos efeitos benéficos que a prática que defendemos neste capítulo. Aqui, usamos práticas de meditação oriundas de tradições de sabedoria seculares.[4] Não estamos defendendo nenhum tipo de religião. Nosso objetivo é ajudá-lo a desenvolver ações de boas práticas que permitam que você veja seu *self* ancorado e sua interdependência com toda a humanidade.

> Você pratica para encontrar o seu *self inteiro*,
> para se liberar para a consciência profunda
> e para se conectar com a interdependência de todos os seres.

Vivenciando a equanimidade

Nossa primeira prática meditativa tem seis passos para construir sua consciência e capacidade de equanimidade. Ela se baseia na prática do calmo repousar, e foi adaptada dos ensinamentos de Pema Khandro.[5] Siga cada passo explicitamente, sem pular nenhuma etapa ou pegar atalhos. Isso vai exigir que você dedique 10 minutos por dia durante 21 dias. São apenas três horas e meia de sua vida no total. Tente não perder nenhum dia, mas, se acontecer, basta continuar de onde parou. Ao final de 21 dias, você terá *mudado*.

As seis etapas essenciais são descritas a seguir. Elas também estão gravadas em áudio (em inglês).[6]

Observe que alguns leitores com histórias de trauma podem exigir *meditação baseada em informações sobre trauma.** Você ainda pode experimentar nossas práticas a seguir, mas confie em sua experiência. Se você se sentir inseguro, pare e procure ajuda profissional.

Seis passos para uma prática eficaz

1. Crie um tempo e um local dedicados à sua prática de meditação.
2. Inicie com um propósito.
3. Prepare seu corpo.
4. Declare sua intenção valorizada.
5. Pratique usando um método baseado em evidências.
6. Conclua com uma dedicação ou motivação.

Vejamos o que cada uma dessas etapas envolve.

1. Crie um tempo e um local dedicados à sua prática de meditação.

A parte mais difícil da meditação é lembrar de fazê-la. Nós planejamos fazê-la, mas, então, os dias passam e nos esquecemos. Para superar isso, planejamos onde, quando e por quanto tempo.

Onde. Você não precisa de uma sala de meditação isolada; apenas crie um canto tranquilo em qualquer cômodo e coloque alguns lembretes com dicas visuais que *acionem* sua mente e seu corpo. Você passará por ali, e aquela almofada/cadeira/imagem estará chamando você: *Vamos lá, hora de meditar.*

---

* N. de R. T. Embora o *Mindfulness* possa ser altamente benéfico para os sobreviventes de trauma, a literatura sobre Trauma-Informed Meditation apresenta os riscos de essas práticas funcionarem como gatilhos. Por essa razão, recomenda-se cautela com esse público.

Quando. Escolha um horário coerente. As manhãs costumam ser ideais, porque você está no limiar entre sono e vigília. Além disso, você ainda não tomou café, nem recebeu muitos estímulos. Tudo bem se isso não combina com você; escolha outro horário, mas tente torná-lo um período de transição, como entre a casa e o trabalho. Depois, defina um lembrete no seu celular. Observe que a hora de dormir geralmente não é a melhor hora porque você provavelmente estará com sono, e isso é o oposto de praticar a consciência.

Quanto tempo. Use um cronômetro para não ficar pensando: *Quanto tempo ainda falta?* Cinco minutos é ótimo para começar. Se cinco minutos de prática parecerem muito tempo, um sinal sonoro de intervalo aos 2,5 minutos pode ajudar, porque você saberá que está no meio do caminho.

2. **Inicie com um propósito.**

Uma sessão de meditação deve começar intencionalmente; isso faz parte da prática. Se você se apressar para começar, provavelmente terá uma mente ocupada e correrá para acabar logo. Isso nega todo o propósito. Então, ao iniciar, reserve alguns segundos para estabelecer e honrar sua prática. Você pode incluir isso em seus minutos também, se quiser. Sente-se lentamente, toque um sino ou acenda uma vela.

Essas ações irão acioná-lo — *é hora de praticar.* Lembre-se: aprender pelas consequências torna-se um hábito.

3. **Prepare seu corpo.**

Você terá mais facilidade de se conectar se seguir uma rotina de postura corporal. Isso também conta como parte do seu tempo. Essas etapas sinalizam ao seu corpo que é hora de deixar as preocupações de lado e praticar. Quando for meditar, você vai precisar estar confortável. Isso não deve causar dor física.

Siga esta postura de sete pontos, movendo sua atenção dos dedos dos pés até a cabeça seguindo esta ordem:

1. ***Pernas*** — Encontre uma posição confortável com as pernas cruzadas (se estiver sentado em uma cadeira, coloque o quadril junto ao encosto da cadeira e os pés apoiados no chão ou sobre uma caixa).

2. ***Quadris*** — Use uma almofada firme para inclinar os quadris para a frente, de modo que fiquem mais altos que os joelhos; dessa forma, suas pernas são menos propensas a ficarem dormentes.

3. **Coluna** — Estique a coluna, para que ela fique confortável e ereta, e relaxe o abdome.

4. **Ombros** — Relaxe os ombros.

5. **Mãos** — Repouse as mãos nas coxas ou coloque a palma da mão direita sobre a esquerda e deixe-as descansar em seu colo.

6. **Rosto** — Deixe o maxilar solto e relaxe o rosto.

7. **Olhos** — Mantenha os olhos parcialmente abertos com um olhar suave repousando em um ponto à sua frente. Nas estátuas de meditação, é possível ver que os olhos estão parcialmente abertos porque essa é uma boa maneira de aprender. Olhos parcialmente abertos mantêm você alerta, ao passo que olhos fechados podem acelerar sua mente ou fazer luzes piscarem por trás de suas pálpebras.

Acomode-se enunciando cada marcador para ativar seu hábito: *pernas–quadris–ombros–mãos–rosto–olhos.*

4. **Declare sua intenção valorizada.**

    Você quer que a meditação seja significativa, não apenas mais uma tarefa em seu dia. Lembre-se de que você está praticando porque anseia por algo, então sua intenção deve ser aspiracional e ligada ao valor. Diga silenciosamente sua intenção em voz alta. Pode seguir os formatos a seguir ou uma fórmula exclusiva sua.

    Eu pratico meditação (ação) para criar paz em mim e nos outros (valor aspiracional) e para aceitar que não controlo o que acontece.

    Eu pratico em busca de paz; eu aceito que a paz é algo que vem e vai.

    Eu pratico agora para que eu e aqueles que amo possamos estar livres do sofrimento.

5. **Pratique usando um método baseado em evidências.**

    Quando estiver suficientemente preparado, você pode escolher uma das técnicas a seguir para praticar.

    Pensar — Concentre sua atenção em sua expiração. Não mude sua forma de inspirar. Apenas fixe sua atenção em cada expiração. Quando você perder de vista suas expirações, apenas rotule isso como "pensamento" e volte a ficar atento à sua respiração.

Contar — Concentre sua atenção em cada expiração, contando cada uma de 1 a 20, e depois de 20 a 1, e repita. Se você perder a contagem de vista, apenas reinicie em 1 quantas vezes precisar.

Entoar — Siga sua inspiração, faça uma pausa e, em seguida, expire e conecte cada parte da respiração a um cântico silencioso:

- **Repetir silenciosamente 1, 2, 3** — 1 (inspiração), 2 (pausa), 3 (longa expiração).
- **Entoar o mantra Om Ah Hung** — *Om* (inspiração), *Ah* (pausa), *Hung* (expiração).[7]

Ao tentar esses passos, lembre-se de que a finalidade da meditação não é controlar o pensamento ou parar de pensar, mas ajudá-lo a treinar sua atenção, saindo de sua constante agitação e distração para uma presença mais plena e profunda.

Se você se distrair, lembre-se de que isso é normal. Distração é o que as mentes fazem. Você vai se distrair muitas vezes em cinco minutos, até muitas vezes em cinco segundos. Não há necessidade de ficar chateado. Quando perceber que perdeu a concentração, gentilmente traga sua consciência de volta para um dos métodos mencionados anteriormente.

Por fim, lembre-se de que serão necessários dias consecutivos de prática para notar os benefícios. Quantos dias, depende do indivíduo, mas 21 dias é um excelente compromisso inicial que pode apresentar efeitos.

6. **Conclua com uma dedicação ou motivação.**

    Crie alguma energia positiva para o seu dia, para o seu mundo e para os outros. Ao final de cada meditação, dedique sua prática com uma breve declaração:

Que possamos ser felizes.
Que possamos encontrar a paz.
Que os benefícios para mim e para os outros sejam compartilhados.

Essa prática de meditação ajudará você a começar a cultivar um senso de consciência do seu *self* indestrutível. Veja os próximos dois métodos.

Até agora neste livro, você viu como suas palavras, rótulos, pensamentos e descrições podem grudar em você. Nesta prática, você vai entender a natureza dos pensamentos à medida que eles se desdobram e praticar a ancoragem no você que está presente aqui e agora. Palavras e pensamentos são fugidios. Você sabe como é quando sonha — suas cognições podem ser loucas e fantásticas. Você pode sonhar que está montando um unicórnio na Terra Média ou que sua casa está pegando fogo. Qualquer que seja o sonho, quando você acorda, sabe que estava sonhando e deixa para lá. Isso pode exigir esforço ou talvez tempo, se for perturbador, mas você ainda sabe como deixar um sonho passar.

Você é o sonhador, não o sonho.

Você já se perguntou por que trata os pensamentos diurnos de maneira tão diferente? E se seus pensamentos diurnos também fossem vazios de realidade — isto é, até você segui-los, acreditar neles ou agir de acordo com eles? Saber que a realidade não está em seus pensamentos e sentimentos pode libertá-lo. Se você é capaz de permitir que um sonho venha e vá, talvez possa fazer o mesmo com um pensamento, mesmo que ele seja desagradável. É claro que fazer isso é um desafio. Mas, com a prática, você pode criar uma nova vida em que seus pensamentos e sentimentos não o dominem.

Aqui, a prática se torna tão flexível com um pensamento que você pode escolher o que fazer com ele. Você começará a ver o pensamento como uma ferramenta, usando-o quando for útil e deixando-o passar quando não for.

Pratique ver as palavras como vazias

Experimente esta prática breve de *mindfulness*:

1. Concentre sua atenção em algo no mundo natural — uma árvore, o céu, etc. Usaremos o exemplo de uma árvore para facilitar a explicação.
2. Agora faça uma expiração longa e lenta.
3. Avalie a árvore como boa, considerando todas as coisas boas sobre essa árvore.
4. Em seguida, avalie a árvore como ruim, vendo todos os seus aspectos negativos.

> 5. Observe que, sejam quais forem os rótulos, pensamentos ou avaliações que você aplique àquela árvore, ela está lá apenas sendo uma árvore. Ela não se importa, e ela não muda.
> 6. Sua consciência profunda é assim. Autoavaliações positivas e negativas vêm e vão. Seu eu profundo continua o mesmo.

Tente praticar este breve exercício de *mindfulness* e deixar as avaliações de lado. Lembre-se desta nova regra do conselheiro: *Você é o pensador, não o pensamento*.

Finalmente, vamos explorar a terceira prática, que é se abrir para sua consciência corporal, para que você possa realmente aceitar seu eu físico.

Reveja seu corpo como bom

Primeiro, considere como você vê seu corpo — *rótulos*: gordo, magro, velho, doente, maltratado. Você também vê seu corpo como *partes objetificadas*, por exemplo, ter um bom nariz, uma barriga gorda ou pernas incríveis. Mas não se engane: nenhuma dessas avaliações é o seu corpo. Essas avaliações são formas condicionadas de vê-lo e todas são baseadas em sua história de aprendizagem. Com a prática, você pode permitir que os rótulos e as objetificações desapareçam e aprender a ver seu corpo em sua verdadeira forma, como presença e poder.

| Seu corpo é presença e poder.

Uma maneira de sentir o poder do seu corpo é estar consciente dele durante experiências novas ou extremas — quando você cruza a linha de chegada de uma corrida de cinco quilômetros, quando pisa no topo de uma montanha depois de um longo dia de caminhada, quando abraça um ente querido depois de uma longa separação, ou quando tem uma profunda sessão de ioga ou meditação. Imagine um momento assim:

1. Respire e lembre-se de um momento extremo.
2. Observe como é esse momento em seu corpo.
3. Esse é o momento em que seu corpo é considerado suficientemente bom, quando ele é uma presença em vez de um rótulo ou um objeto.

Outras experiências extremas lhe dão uma sensação de vulnerabilidade, como sofrer uma lesão repentina, ficar doente, até mesmo dar à luz. Imagine um desses momentos agora:

1. Respire e recorde um momento de vulnerabilidade.
2. Nesses momentos, seu corpo está lhe mostrando o poder de sua presença.

Seu corpo não é um rótulo. Esses exercícios revelam seu corpo como uma presença sensível e profunda. Desde o momento do seu nascimento, você esteve em seu corpo para experimentar prazer e dor.

| Pratique aceitar seu corpo.

Veja uma prática em que você pode estar aberto para experimentar a vida plenamente por meio de seu corpo, e não de seus rótulos ou partes.

Respire e observe seu coração batendo.
Diga: *Não verei meu corpo como negativo.*

Respire e conecte-se com seu observador, sua capacidade pura de sentir o mundo.
Diga: *Não verei meu corpo por meio do meu condicionamento.*

Respire e observe seu peito subir.
Diga: *Não verei meu corpo de forma degradante.*

Você se conecta com as melhores experiências da sua vida por meio do seu observador corporal. É libertador sentir o seu corpo como estando bem, assim como ele é, mesmo com as cicatrizes e batalhas de uma vida inteira. Sente-se em silêncio por alguns momentos e permita que seus sentidos o inundem.

PRATICANDO PARA EXPERIENCIAR A CONSCIÊNCIA PROFUNDA

A consciência profunda é possível para você, só requer prática. Todos os dias, pratique para ver seu corpo e sua mente como um todo. As práticas de meditação irão ajudá-lo a se tornar consciente de quando você está rejeitando estados internos ou se apegando a um estado especial, e também irão ajudá-lo a retornar ao centro.

Sua consciência profunda

Torne-se consciente de sua presença aterrada indestrutível.

Reveja sua fala interna como vazia. *Prática deliberada usando seis etapas.* *Reveja seu corpo como bom.*

Afastando: Evitando emoções ou pensamentos e experiências difíceis. Desconectado do *self* ancorado.

Apegando-se: Deve sempre ser feliz, deve ter estados positivos, não pode haver coisas ruins que aconteçam. Desconectado do *self* ancorado.

PARTE 3

Construindo força
em situações sociais

Amar e ser amado é o nosso maior
desejo e nosso maior desafio.

"Quando olhamos bem de perto, o mundo material e
da publicidade não é realmente a vida. A vida é outra coisa. A vida é
o que sobra quando você tira toda essa porcaria, ou pelo menos
a ignora por um tempo. A vida são as pessoas que o amam.
Ninguém jamais escolherá permanecer vivo por causa de um iPhone.
São as pessoas que alcançamos por meio do iPhone que importam.
E quando começamos a nos recuperar e a viver novamente, o fazemos
com novos olhos. As coisas ficam mais claras, e estamos
conscientes de coisas das quais antes não estávamos."*

– Matt Haig, *Razões para continuar vivo*[1]

---

* N. de T. Livre tradução.

Agora chegamos ao centro cardíaco da vida, suas conexões sociais. As pessoas com quem você se conecta e de quem você gosta serão sua maior fonte de alegria e significado. Esperamos honrar isso porque ajudá-lo a fortalecer seu mundo social também é muito importante para nós.

Chamamos esta seção de "força social", o que significa ser capaz de criar amizade, amor e conexões fortes, além de ser capaz de se orientar na escuridão do sofrimento, do conflito social e das dificuldades com outras pessoas. Dedicamos a seção final a isso porque sabemos que você vai prosperar com grupos sociais mais fortes. Ficar sozinho e ser humano são coisas incompatíveis. A solidão vem com perda, ansiedade, tristeza e uma série de problemas de saúde.[2] O conflito social vem com dificuldades e afeta seu sucesso no trabalho.[3] Você pode ter muita dificuldade, como vários de nós, porque a inteligência social raramente é ensinada explicitamente. Pense sobre isso. Você passou anos aprendendo na educação formal e no seu trabalho, mas quantos cursos você fez para desenvolver sua capacidade de ser mais forte socialmente? Você pode ser um especialista em seu trabalho, mas, se ninguém o apoiar, isso não vai importar muito. Suas maiores dificuldades sociais virão de não saber o que fazer ou continuar a se atrapalhar e repetir os mesmos tropeços ou não experimentar novas estratégias sociais. Você pode continuar buscando melhorar seu mundo social, mesmo quando travar, e estes capítulos podem ajudá-lo. Junte-se a nós nesta jornada para aumentar sua força social e construir fortes alianças sociais, amizades e relacionamentos íntimos.

10

Mudando para um estilo social flexível

Procure agradar a todos, e você perderá o respeito; julgue e descarte pessoas, e você perderá amizades. Encontre o caminho do meio, que equilibra seu desejo de não ser ferido com sua necessidade de construir relacionamentos de confiança.

Se você tivesse de viver em uma ilha deserta, o que levaria com você? Levaria seu bem material favorito ou sua pessoa predileta? Escolha simples, certo? Sua pessoa predileta. Saber disso nos leva a um paradoxo central. Nós valorizamos as pessoas mais do que tudo neste mundo, mas achamos difícil conviver com elas. Pense em todos os desafios que você enfrentou com outras pessoas: brigas de família, fim de relacionamentos, colegas de trabalho apunhalando pelas costas — a lista continua. Por que é tão difícil conviver, mesmo que seja tão importante?

Uma razão é que trazemos nossa história para nossos relacionamentos atuais. Pode parecer que o relacionamento atual seja como os relacionamentos anteriores. Se, por exemplo, alguém o maltratou no passado, você pode responder a novas pessoas com desconfiança e evitação. Todos nós temos velhos estilos de enfrentamento, e você não é o culpado aqui. Muitas vezes, esses velhos estilos de enfrentamento influenciam — e até ditam — sua forma de se comportar nos relacionamentos. Às vezes, você acaba recebendo o oposto do que quer; por exemplo, você busca conexão e acaba se descobrindo na defensiva e cauteloso, o que leva à desconexão. Esses padrões persistem porque estão fora de sua consciência.

Este capítulo o ajudará a identificar seus padrões sociais e como eles podem influenciar seus relacionamentos de maneiras que não ajudam. Depois, mostraremos como desenvolver um estilo social flexível, que lhe permita se aproximar dos outros ou criar distância, dependendo do que agregue valor social à sua vida.

ESTILOS SOCIAIS

A vida familiar molda nossos estilos sociais.[1] Vamos fazer um exercício no qual você reflete sobre sua história familiar e observa os estilos sociais que desenvolveu. Vá devagar e imagine. Você pode deixar este livro de lado por um momento enquanto considera cada pergunta. Não tenha pressa.

Identifique seu estilo social

1. Imagine-se com 8 a 12 anos de idade (ou um pouco mais velho, se não puder se lembrar dessa idade). Para que você entenda sua noção dessa época, primeiro verifique se consegue se lembrar de um professor do ensino fundamental, e então veja se consegue se lembrar de um amigo de infância.
2. Imagine sua família em casa ou a casa onde você cresceu. Como era viver lá? Você ainda consegue saber?
3. Agora, observe como você se sentia em sua família ou com as pessoas com quem conviveu. Você se sentia ansioso? As pessoas eram mal-humoradas ou ausentes? Eram pessoas emocionalmente intensas, que gritavam com frequência, ou eram quietas e emocionalmente contidas?
4. O que seus pais ou quem cuidava de você fazia quando você estava triste, com raiva ou ansioso? Eles se prontificavam a orientá-lo e mostrar-lhe como lidar com esses sentimentos? Eles o rejeitavam ou o ignoravam?
5. A quem você recorria em busca de apoio emocional, e como essa pessoa respondia? Por exemplo, a quem você recorria quando se sentia assustado, e o que essa pessoa fazia?
6. Como todas essas coisas podem afetar seu estilo de relacionamento atualmente?

Esses relacionamentos do início da vida afetam seus padrões de conexão e desempenham um papel importante em seus relacionamentos adultos.[2] Existem quatro padrões que podemos aprender.[3] Leia cada descrição a seguir e considere se algum desses estilos descreve sua forma de interagir mais usual. Você também pode se ver como uma mistura de estilos.

1. **O estilo seguro.** Acho fácil me aproximar dos outros e me sinto confortável diante do fato de eles contarem comigo. Sou digno de apoio e amor, e procuro construir relacionamentos de confiança.
2. **O estilo ansioso.** Frequentemente busco a aprovação dos outros. Reconheço o valor de estar próximo de outra pessoa, mas tenho medo de me importar mais com ela do que ela se importa comigo.
3. **O estilo evitativo.** Temo que os outros me desvalorizem, me machuquem ou abusem da minha confiança. Evito chegar muito perto para não me machucar.
4. **O estilo desdenhoso.** Desconfio dos outros e acho que não posso contar com eles. Eu foco na independência e na autossuficiência.

Considere a ilustração a seguir. Ela representa os quatro estilos. Se você tem um estilo *ansioso*, fica preocupado com suas interações, conferindo e se certificando de que suas conexões próximas estejam bem e não estejam chateadas com você. Ao agir assim, você pode negligenciar suas próprias necessidades e cuidados consigo mesmo. Se você tem um estilo *evitativo*, pode se manter fechado e evitar os problemas para não se ferir, mas seu relacionamento pode perder a honestidade e abertura que vêm com a partilha. Se você tem um estilo *desdenhoso*, prefere se afastar. Você tenta ser independente e autossuficiente. Ansioso, evitativo e desdenhoso são estilos socialmente inflexíveis e às vezes o impedem de construir relacionamentos sólidos e vínculos autênticos.

Nosso objetivo ao longo deste livro é ajudá-lo a tornar-se psicologicamente mais flexível. Em termos de relacionamento, isso significa agir mais no estilo *seguro* de resposta. É quando você é capaz de discutir, compartilhar, ter pontos de vista diferentes e manter-se confiante de que pode ter um relacionamento íntimo e de confiança. Você também é confiante o suficiente para se afastar de um relacionamento que não está funcionando. Não se preocupe se esse não for o seu caso agora. Somos todos um projeto inacabado.

SEGURO

ANSIOSO

EVITATIVO

DESDENHOSO

Para ajudá-lo a entender como esses estilos funcionam na vida, compartilhamos um exemplo de Joseph, que esperamos que ajude você a ver como esses estilos se repetem. Para alguns leitores, esta pode ser uma história de infância angustiante, podendo desencadear suas memórias também. Use sua habilidade de observador se precisar, faça uma pausa e respire. Estamos com você.

Meu pai me odiava. Essa era a sensação. Eu era, como ele certa vez me disse, um peso. Ele não me queria. Minha mãe supostamente o havia ludibriado para engravidar, e então, quando ela foi embora, ele ficou preso comigo. Se não fosse por mim, ele poderia ter conhecido alguém que amasse ou conseguido um bom emprego ou concluído a faculdade mais cedo. Tudo que eu fazia parecia irritá-lo.

Lembro-me de quando eu tinha uns 12 anos, meu pai estava estudando psicologia na universidade. Eu sabia disso porque ele ficava me aplicando testes de inteligência. Um dia, ele me disse: "Diga um tipo de carne".

Ele estava em um daqueles estados de espírito zangados e intimidadores. Eu ouvi a pergunta, mas me deu um branco.

"Vamos. O que há de errado com você?", disse ele, levantando a voz.

Eu fiquei paralisado.

"Sabonete", eu finalmente disse.

"Sabonete?", ele rosnou. "Sabonete é carne? Então vá ao banheiro e coma sabonete. Vá agora! Vá!"

Lembro-me de ficar ao lado do banheiro mordiscando o sabonete. Então, palavras me vieram à mente: salsicha, hambúrguer, bife. Eu sabia a resposta. Por que me deu um branco?

O medo, por fim, se transformou em raiva. *Eu o odeio*, pensava. *Um dia eu vou embora. Não me importa o que ele pensa.*

Hoje, eu vejo o meu padrão; eu ficava com raiva e desprezava meu pai: ele era o inimigo.

Avanço rápido para 20 anos depois. Eu estava de carro levando uma garota a um restaurante, tentando impressioná-la, mas fiquei nervoso e logo me perdi em uma rua escura. Parei e tentei ler um mapa. A garota ficou constrangida. Era nosso primeiro encontro, e ela não me conhecia. Ela estava ficando nervosa e percebi que estava prestes a terminar o encontro. Eu não conseguia me concentrar no mapa. Então, como se fosse do nada, pensei: *Livre-se dela antes que ela se livre de você.*

"Sabe, você realmente não me conhece. Eu poderia ser um assassino em série." Eu deixei isso escapar, provavelmente a pior coisa que alguém já disse dentro de um carro estacionado em uma rua escura com um quase desconhecido.

Ela riu educadamente, mas seus olhos se arregalaram. "Por favor, você poderia me levar para casa?"

Estraguei tudo de novo, disse a mim mesmo enquanto a levava para casa. A velha pergunta voltou: *Será que algum dia encontrarei alguém que me ame?*

Hoje, percebo que eu a estava desprezando, assim como fiz com meu pai.

Joseph havia desenvolvido um estilo de apego desdenhoso. Isso o protegeu de um pai abusivo. Funcionou quando ele era uma criança, mas não estava funcionando quando era um jovem adulto. Seu estilo desdenhoso interferia em sua capacidade de encontrar amor e amizade. Ao longo dos anos, ele se empenhou em mudar seu estilo e construir um estilo mais seguro. Porém, ele não pode apagar o que aprendeu no passado e ainda tem vontade de descartar as pessoas quando está estressado, mas aprendeu a perceber o impulso e não reagir a ele. Ao não descartar as pessoas imediatamente, ele aumentou suas chances de formar um vínculo genuíno com elas.

Seu aprendizado anterior se mete em sua vida e o faz responder de maneiras que você não quer? Você repete algum estilo ansioso, evitativo ou desdenhoso, mesmo quando isso atrapalha o que deseja? Por exemplo, imagine que um parceiro romântico o machucou profundamente de alguma forma, talvez terminando o relacionamento. Embora queira outro relacionamento íntimo, você não quer se machucar novamente, então decide se proteger. A partir daí, você esconde suas emoções e mantém a guarda, presumindo que cada novo relacionamento será perigoso. Todo mundo pode machucá-lo se você baixar a guarda. Consequentemente, você nunca se aproxima de ninguém e nunca constrói um relacionamento seguro. Neste exemplo, seu estilo social o impediria de formar vínculos genuínos.

FAÇA DA PAUSA UM NOVO HÁBITO

Um caranguejo eremita precisa sair de sua concha e procurar uma concha maior para chamar de lar. Ao deixar sua concha e ficar desprotegido, mole e vulnerável, você acha que ele sente medo? Será que hesitaria e ficaria um pouco mais na concha? Só mais um dia. Claro, a concha dele é desconfortável, mas *parece* segura. Seus antigos estilos sociais podem ser como essa concha. Eles são familiares, mas você pode tê-los superado. Para mudar gradativamente o seu estilo social, você precisa praticar novos estilos de resposta até que eles se tornem sua nova casa, um novo lugar para habitar.

Depois de identificar o seu padrão, você pode aprender novas respostas interrompendo a si próprio. Seu objetivo é responder com consciência, e não com automatismo. Você vai se treinar a ir mais devagar, abrindo espaço para que possa criar novas formas de interagir e estabelecer o vínculo que deseja. A chave para interromper seu padrão não é parar seus sentimentos e impulsos, mas, em vez disso, usar sua habilidade de observador e ver esses sentimentos e impulsos sem reagir a eles. Você quer que a *pausa* se torne um novo hábito. Usamos a palavra *hábito* para lembrá-lo de que esse processo exigirá prática. Quando você está no meio de um desentendimento, tende a responder do modo habitual: talvez desprezando, argumentando ou buscando tranquilização. Algo familiar. Você irá reagir e depois perceber que agiu de uma forma que produziu o resultado que menos queria — desconexão e decepção.

Você pode praticar seu novo hábito agora mesmo.

Pratique fazer pausas

Em um momento de interação, tente não reagir de imediato. Faça uma pausa. Respire. Observe seu impulso para responder em seu velho estilo. Faça isso algumas vezes nas interações cotidianas. Quando você faz uma pausa e observa *no momento da conexão*, fica mais livre para variar suas respostas. Você deu a si mesmo um respiro, e essa é sua oportunidade de criar mudanças.

Pratique fazer pausas em momentos difíceis

Para praticar a habilidade de fazer uma pausa durante momentos de dificuldade, experimente este exercício. Vá devagar e mergulhe na experiência.

1. Pense em alguém com quem você deseja aprofundar sua relação. Pense em como é estar com essa pessoa e por que você gosta de estar na companhia dela.

2. Agora, pense em uma ocasião em que vocês discordaram. Pense em um fato específico. Não se apresse e mergulhe na lembrança.

3. Agora, veja-se da perspectiva do observador. Dê um passo para trás e observe-se discordando da outra pessoa. Sinta seu impulso para reagir à moda antiga. O que você sente urgência em fazer? Você quer se tranquilizar e suavizar (estilo ansioso), retirar-se porque dói (estilo evitativo) ou desprezar e discutir (estilo desdenhoso)? Talvez seja uma mistura confusa de tudo isso.

4. Pergunte a si mesmo se isso acontece frequentemente quando você interage com pessoas com quem se importa. Essa tendência lhe parece familiar? Tente não se culpar; em vez disso, lembre-se de que você está praticando a consciência.

Quando estiver pronto, tente praticar em um momento tempestuoso. Faça uma pausa. Observe seu impulso de responder. Usar sua capacidade de observar internamente também pode ajudar aqui: observe seus pés no chão e mexa os dedos dos pés, se precisar. Experimente observar externamente também, talvez atentando para os sons ao seu redor.

A seguir, use seu conselheiro para lembrá-lo de uma nova autorregra. Experimente dizer a si mesmo: *Dê um passo atrás, vá mais devagar.*

Então, observe sua respiração. Observe se seu corpo está se inclinando para algum estado de desequilíbrio, como os que descrevemos no Capítulo 5. Se perceber que está estressado ou ficando bloqueado, dê um passo atrás e reequilibre-se.

Se precisar de mais prática, revise as estratégias dos capítulos anteriores, especificamente o observador, o *self* vulnerável e o *self* compassivo.

ESCOLHA UMA AÇÃO VALORIZADA

Depois de dar uma pausa em seu estilo habitual, você está pronto para algo novo. Use seu valorizador aqui; talvez este seja o aspecto mais importante nos relacionamentos. Você sempre precisará considerar o valor de duas perspectivas: seu valor em relação a relacionamentos e seu valor em relação a autocuidado. Seu objetivo é equilibrar os dois. Veja como isso se parece.

Seu valor em relacionamentos

Pergunte a si mesmo, o que importa para você nesse relacionamento? Existe um valor em construí-lo ou permanecer nele?

Se sua resposta for afirmativa, considere que tipo de pessoa você deseja ser diante das dificuldades. Você quer ser solidário? Você quer construir proximidade? Você quer se conectar?

A seguir, pergunte a si mesmo se suas ações em um momento difícil são compatíveis com o que você valoriza. Se não forem, esse é o seu sinal para mudar e tentar uma resposta mais condizente com o valor. Observe que você não está tentando apagar seu impulso inicial aqui; você não consegue eliminar hábitos rapidamente, e é por isso que sua primeira resposta é fazer uma pausa e praticar a observação.

Pense em uma resposta diferente. Como você poderia responder de uma maneira nova ou diferente a fim de construir seu objetivo de conexão? Você pode tentar agir da forma oposta ao seu padrão habitual; por exemplo, se automaticamente se defende, pode optar por ouvir e esperar. Pode tentar ver do ponto de vista da outra pessoa, colocando-se no lugar dela, procurando entender sua posição e o valor que vocês têm em comum. Pode tentar ficar aberto e equilibrado; por exemplo, se perceber que está ficando estressado, tente se lembrar do valor compartilhado no relacionamento e conecte-se dessa maneira. Por fim, você pode dar um tempo, parar para refletir e voltar mais tarde para discutir o problema. Quando começar a pensar assim, você criará outras ideias compatíveis com o seu valor e com a situação. Seu objetivo é buscar uma nova ação e testar se ela acarreta uma conexão mais forte, em vez de resultados conhecidos de desconexão e decepção. Dê a si mesmo tempo para escolher uma ação que contribua para seus objetivos de conexão, em vez de atrapalhá-los.

Seu valor de autocuidado

Todo relacionamento envolve um equilíbrio constante entre as suas necessidades e as necessidades da outra pessoa. Se você pensar apenas em si mesmo, parecerá egoísta e incapaz de construir intimidade. Se pensar apenas nos outros, corre o risco de ser maltratado e tratado como um capacho. O equilíbrio vem de trabalhar *tanto* em seu valor *como* nos valores da outra pessoa.

Não existe uma regra rígida e inflexível sobre como você pode valorizar a si mesmo ou aos outros; é preciso permanecer flexível. Às vezes, você colocará os outros em primeiro lugar; às vezes, se colocará em primeiro lugar; às vezes, as suas necessidades e as da outra pessoa estarão em perfeito equilíbrio. Ser flexível significa equilibrar a gangorra entre valorizar a si mesmo e aos outros; movendo-se constantemente para cima e para baixo, você vai evitar permanecer em um extremo, colocando-se o tempo todo em último ou em primeiro lugar. Um sinal de alerta é quando suas necessidades e valores são sempre os últimos ou nem são considerados. Por exemplo, se uma pessoa é narcisista, ela irá ignorar suas necessidades. Isso é um sinal para se proteger e cuidar de si mesmo, não para trabalhar em equilíbrio.

Ser flexível significa que você persiste em um bom relacionamento, mesmo quando é difícil. Valorizar o autocuidado significa que você confia em si e sabe que, quando um relacionamento não traz mais valor, é hora de se colocar em primeiro lugar.

PRATICANDO UM ESTILO SOCIAL FLEXÍVEL

Comece a fortalecer seus relacionamentos praticando os passos a seguir.

Mudando para um estilo social flexível

| Reconheça seu estilo social habitual. | Pratique fazer pausas antes da resposta "típica". | Escolha ações valiosas que equilibrem a si mesmo e ao outro. |

Superexposto:
Tentando agradar a todos e fazer com que todos gostem de você.

Superprotegido:
Não deixar ninguém entrar ou rejeitar intimidade.

11
Trazendo mais amor e amizade para a sua vida

*Ofereça o seu dom de empatia e você
receberá de volta o calor do amor.*

Enquanto segurava o telefone junto ao ouvido, Talia se serviu de uma taça de vinho e ficou esperando que sua amiga atendesse.

Três toques. Quatro toques. Cinco.

"Oi, Talia, como vai?", Kim respondeu carinhosamente.

"Oi", disse Talia. "Estou bem... ligando só para dar um oi."

Kim sentiu que alguma coisa estava errada. "Estou bem" significava "Vou chorar se tiver que falar".

Talia falou sobre coisas do dia a dia, almoço no trabalho, o que estava acontecendo no Instagram. Kim deixou rolar, apesar de sua vontade de perguntar à amiga o que estava errado.

Depois de alguns minutos, Kim pensou: *Agora talvez eu possa perguntar.*

"E aí, Talia?", Kim perguntou. "Você parece bem estressada."

Talia se abriu. Falou sobre seu chefe, da pressão no trabalho e de estar se sentindo sobrecarregada. Kim ouviu o tempo todo, correspondendo ao tom, acompanhando seus sentimentos, imaginando-se no lugar de Talia.

"Que porcaria de situação", disse Kim. "Que horrível! Gostaria que você não tivesse de passar por isso."

Talia assentiu para si mesma.

"Pode contar comigo, Talia", disse Kim. "Você sabe que pode me ligar a qualquer hora."

"Eu sei. Obrigada."

Talia sabia que Kim não poderia resolver o problema, mas sentiu alívio por saber que podia contar com a amiga. Quando desligou, ficou com o quentinho daquela amizade. Talia se sentiu mais forte.

O amor é o adesivo que liga o seu bem-estar ao dos outros. Talia e Kim demonstram o amor entre amigas; quando uma enfrenta dificuldades, a outra se aproxima. Você constrói amor e conexão dessa forma, mostrando empatia, estando presente e valorizando o relacionamento. Neste capítulo, vamos discutir como desenvolver relacionamentos acolhedores. Você aprenderá as habilidades de empatia que constroem e aumentam a conexão e o amor genuínos. Kim sabia ouvir e fornecer respostas calorosas e empáticas. Ela sabia como ler a necessidade de apoio de sua amiga sem dar conselhos ou tentar resolver o problema de Talia.

Descreveremos dois conjuntos de ações que afetam o quanto você apoia e se conecta com seus entes queridos. Também lhe mostraremos como cuidar de si mesmo em relacionamentos próximos. Você pode fazer coisas que fortalecem a conexão, sendo empático, por exemplo, e pode fazer outras que prejudicam a conexão, como tentar estar certo o tempo todo. Às vezes, pode fazer as duas coisas no mesmo dia. Mostraremos a você como fazer mais da primeira e menos da segunda. Mergulhe, e seus relacionamentos podem florescer. Seus entes queridos se sentirão acolhidos e apoiados e, em troca, você receberá amor e conexão.

A CONEXÃO É SEU CORINGA

Você foi feito para o amor. Quando olha nos olhos de uma criança e sente o desejo de cuidar dela e mantê-la segura, as forças da natureza estão em ação dentro de você. Os processos evolucionários levam uma espécie a obter o que necessita para sobreviver. Nos seres humanos, essa necessidade é de outras pessoas. Quando bebês, somos muito fracos para encontrar comida, abrigo e segurança sozinhos, então nos adaptamos para contar uns com os outros. A conexão está entranhada em nossas células. A desconexão cria dor. Se alguém nos exclui, apresentamos o mesmo padrão de atividade neural em nossos cérebros que ocorre quando sofremos uma lesão física.[1] Peça a duas pessoas apaixonadas para ficar de mãos dadas enquanto uma delas leva um choque elétrico e a dor do choque será reduzida.[2] Dentro do cérebro desse casal de mãos dadas, os centros de dor irão disparar em padrões espelhados. Literalmente sentimos a dor um do outro.

E se ficamos sozinhos, morremos cedo. Um estudo longitudinal acompanhou homens adultos dos 19 aos 90 anos.[3] Quer fossem de origens ricas ou pobres, um fator se mostrou invariavelmente associado ao bem-estar — os bons relacionamentos. Fama, riqueza e sucesso não governavam seu bem-estar; este era proveniente de vínculos profundos com a família, os amigos e grupos sociais. Quando não temos relacionamentos, nossa solidão é um fator de risco significativo para morte prematura, equivalente aos riscos trazidos pela obesidade, pelo tabagismo e pela poluição do ar.[4]

A literatura, a poesia e a arte nunca perderam de vista o poder da conexão, mas a ciência e a economia, sim. As sociedades modernas têm enfatizado a importância de tudo o mais — *acima* dos relacionamentos autênticos. Durante seus estudos, provavelmente lhe ensinaram que as notas e o conhecimento eram mais importantes. Ainda hoje, seu local de trabalho pode fazer forte pressão em aspectos como desenvolver uma marca, ser promovido e desenvolver suas habilidades sem nunca perguntar sobre suas necessidades sociais. A tecnologia moderna permite que você trabalhe quase constantemente, uma máquina humana sozinha em uma estação de trabalho. Anúncios dizem que você precisa de produtos para ter *status* e valor. Você é ensinado a valorizar tudo, menos o amor. Contudo, sem amor e confiança, a vida tem pouco propósito.

Riqueza individual e posses materiais têm pouca influência em sua felicidade.[5] Por sua vez, os laços sociais influenciarão sua felicidade, seus níveis de atividade e seus sentimentos de esperança, tristeza ou estresse.[6] Como argumentou o grande poeta John Donne,[7] ninguém é uma ilha isolada. Se pessoas ativas e felizes o cercam, então você também ficará ativo e feliz. É como se a energia delas se espalhasse para você, e a sua para elas. Você faz parte de um todo maior — você *e* sua gente.

FORTALECENDO SUAS CONEXÕES

Empatia é a prática de que você precisa para fortalecer suas conexões. É a habilidade de se colocar no lugar do outro e *sentir com* ele. Essa habilidade o ajuda a estabelecer e manter relacionamentos de apoio,[8] permite que você forneça ajuda oportuna aos outros[9] e promove a cooperação em grupos.[10]

A empatia é a habilidade dos socialmente inteligentes, mas poucos aprendem empatia diretamente. Você pode erroneamente pensar que ser empático significa ceder às necessidades da outra pessoa ou prestar solidariedade ou contar-lhe sua experiência. Muitas vezes, presumimos que as pessoas simplesmente irão adquirir essa habilidade. Nós não a ensinamos nas escolas. Não a ensinamos a casais, a menos que façam terapia. E nós não a ensinamos aos jovens adultos como um fator-chave da amizade.

Aqui, mostraremos como melhorar sua empatia, que tem dois aspectos: empatia afetuosa e empatia cognitiva.[11] Vamos aprender as duas.

SEGURANDO A BOLA DA EMPATIA.

A VIDA PODE PARECER PESADA E ESMAGADORA. AMIZADES ALIVIAM A CARGA.

A empatia afetuosa está sempre em primeiro lugar

Comece *sentindo junto*. Provavelmente não há nada tão poderoso quanto enxergar a dor de alguém e dividi-la. Pense nesta prática como um jogo em que sua tarefa é pegar a *bola da empatia* e segurá-la. A outra pessoa está enfrentando uma dificuldade, então ela joga sua dor em você em uma tentativa de obter ajuda — sua tarefa é pegar sua dificuldade, sem jogá-la de volta. Em outras palavras, não compartilhe seus conhecimentos ou sua experiência ainda. Absorva o que está acontecendo e tente ficar um pouco com a mensagem dela. Esta é a vez dela — será a sua vez posteriormente.[12]

Depois de perceber que a empatia pode ser benéfica, experimente estas ações:

1. **Faça uma pausa** e perceba que existe algo incomodando a outra pessoa ou algo que ela quer dizer a você.

2. **Ouça** enquanto ela lhe conta o que está acontecendo e forneça sinais sociais encorajadores, como acenos com a cabeça e contato visual. Ouça com os ouvidos, não com a boca; não interrompa e não use seu conselheiro para resolver problemas.

3. **Sinta junto** com ela. Se seu corpo estivesse como o dela, como você estaria? Qual seria sua postura? Se parecer tudo bem, você pode até espelhá-la um pouco também, apenas para sentir a experiência dela. Por exemplo, se ela estiver curvada, você também pode se curvar um pouco. Encontre-a no mesmo espaço.
4. **Perceba** a respiração dela. Ela está calma ou o coração dela está acelerado?
5. **Imagine** como ela está se sentindo, tentando imaginar como você se sentiria no lugar dela.

A empatia cognitiva vem sempre em segundo lugar

Depois de usar uma empatia afetuosa e corporal e uma boa escuta, você pode passar para a empatia cognitiva. Isso envolve entender a experiência da outra pessoa cognitivamente, trazendo seu conselheiro e assumindo a perspectiva da outra pessoa. Estas etapas mostram o processo.

1. **Faça perguntas esclarecedoras:** Conte-me um pouco mais. Como foi isso para você? O que você estava esperando?
2. **Confira se você soube de toda a experiência dela:** Há mais coisas que eu deveria saber?
3. **Valide e fale de coração:** É sua vez de compartilhar apenas quando você tiver todas as informações dela. Fale de coração, compartilhando seus pontos de vista, se apropriado ou necessário. Lembre-se do valor que você tem em comum com essa pessoa. Pergunte-se: *Como posso validar o que ela está sentindo e mostrar que eu me importo?*
4. **Resolva ou avalie o problema:** Faça isso apenas se lhe pedirem. Verifique primeiro. Você quer que eu a ajude com isso, ou você quer a minha opinião?

Se você praticar essas ações de empatia, as pessoas do seu círculo social provavelmente se sentirão ouvidas, apoiadas e seguras em sua presença. A empatia pode *parecer* levar muito tempo, mas provavelmente não é tão difícil quanto deixar seu ente querido sentindo que não foi ouvido e entrando em discussões ou lutas. Às vezes, o maior presente que você pode dar a uma pessoa é realmente enxergar e aceitar a experiência dela.

DESTRUINDO SUAS CONEXÕES

Às vezes, pode parecer que ser empático é muito difícil. Aqui, abordaremos alguns desafios e como você pode contorná-los. Focaremos dois dos maiores problemas: resolução de problemas indesejada e não percepção dos sinais que indicam que alguém precisa de apoio.

Não resolva problemas

Resolver problemas é uma das habilidades mais poderosas de seu conselheiro, mas, em seus relacionamentos, é a ação que provavelmente o colocará em apuros. As pessoas odeiam ser resolvidas.

Se estiver dirigindo sozinho em uma estrada deserta e seu carro fizer barulhos estranhos, você pode usar seu conselheiro para resolver problemas. *O carro está superaquecendo? Devo continuar dirigindo? Consigo chamar alguém para vir me buscar?* Em breve, você vai encontrar uma forma de resolver o problema. O carro é físico, então a resolução de problemas funciona.

Agora, se você fizer esse mesmo movimento em seus relacionamentos, muitas vezes irá experimentar desconexão. Alguém próximo a você está mal-humorado, age emocionalmente ou de maneira egoísta, ou se expressa mal. Você traz seu conselheiro para a situação resolvendo problemas? Você "ajuda" a pessoa, dizendo-lhe quais ideias você tem? Ou faz um interrogatório sobre o que há de errado? Você diz que tem a solução? Nada disso vai adiantar; é hora de descansar seu conselheiro.

Uma pessoa se assemelha mais a um belo e velho carvalho do que a um carro. Você não endireita uma grande árvore velha. Simplesmente se senta à sua sombra ou aprecia sua beleza. Ao fazer isso, você verá o tronco envelhecido e apreciará a luta das tempestades que ela suportou. As pessoas são assim; tente apreciar seus pontos fortes e reconhecer e aceitar suas emoções.

Não negligencie os sinais

Imagine uma criança de 4 anos cansada e irritada. Ela diz: "Eu queria meu sanduíche cortado em triângulos, não em quadrados. Eu te odeio". Então, ela se joga no chão e faz birra. Nesses momentos, você provavelmente percebe que o mau humor dela não é por causa do sanduíche. A criança precisa de você para resolver problemas ou explicar. A birra é um sinal de pedido de ajuda emocional. Se você souber disso, vai acalmá-la, transmitir amor e mantê-la segura enquanto seus grandes sentimentos tumultuam-na por dentro.

Os adultos também chamam a atenção de um ente querido, mas é mais difícil de enxergar. Pergunte a si mesmo: quando você está estressado, sobrecarregado ou emotivo, costuma não fazer rodeios e falar com seus contatos próximos ou às vezes envia mensagens indiretas? Talvez você fique irritado, inicie uma briga ou fique quieto. Quando alguém que você ama faz uma declaração emocional, primeiro considere que isso pode ser uma tentativa de busca de apoio. Você pode ouvir: "Será que te machucaria me ajudar nas tarefas domésticas pelo menos uma vez?". Mas o que a pessoa realmente está dizendo é: "Eu me sinto desvalorizado. Você se importa comigo?". Considere um pedido emocionalmente carregado de alguém próximo a você como um momento para experimentar o processo de empatia em duas etapas descrito anteriormente.

MANTENDO A CONEXÃO CONSIGO MESMO

Haverá momentos em que a empatia será desafiadora, porque você sente que alguém foi injusto com você ou que a empatia exige esforço demais. Muitas vezes, seus contatos mais próximos podem parecer a parte mais difícil da sua vida. O que você pode fazer nesses casos? Pode parecer paradoxal, mas a primeira coisa que precisa fazer é se conectar com seus próprios valores e reações emocionais, em vez de focar exclusivamente no que a outra pessoa quer.

Escolha o valor em primeiro lugar

O que impede a conexão, a amizade ou o amor? Essa pergunta pode provocar muitas respostas, incluindo emoções como tristeza, ansiedade, mágoa ou vergonha. Na maioria das vezes, o que atrapalha é a vulnerabilidade e o medo. Conexão requer que você baixe a guarda, esteja aberto e permita que a vulnerabilidade esteja em sua vida. Ela exige que você esteja indefeso.

Sua cultura, aprendizado e história podem tornar isso difícil. Se alguém o envergonhou ou magoou, você pode duvidar da possibilidade de encontrar confiança e conexão. Se você é socialmente ansioso, talvez sinta que não tem boas habilidades sociais. Quando essas dúvidas tomarem conta de você, seu conselheiro transformará a *amizade* em *risco*. Pergunte a si mesmo: se você mantiver os outros afastados, qual será o preço a pagar? Então, atente para o que valoriza, ouça seus anseios e siga seu coração.

Não leve tudo para o lado pessoal

Às vezes, os entes queridos podem ficar irritados, impacientes ou chateados, e não é culpa deles ou sua. Pratique as etapas de empatia mencionadas anteriormente. Ao fazer isso, fique atento a seus gatilhos emocionais. Se o que a outra pessoa está dizendo traz estresse ou emoções intensas, você pode não ser capaz de lhe dar empatia e talvez nem seja capaz de ouvir. Se isso acontecer, afaste-se por um tempo, da melhor forma que puder. Tente não repelir seu ente querido. Mostre que você precisa retornar para ele, fazendo uma oferta. Por exemplo, você pode dizer: "Sinto muito, está difícil ouvir isso no momento. Podemos conversar amanhã? Eu só preciso de um tempo". Ganhe tempo para considerar o que você sente e valoriza no relacionamento. Mantenha seu compromisso e cumpra qualquer oferta que você tenha feito.

Escolha sua conexão em vez de ter razão

Outra pessoa pode aborrecê-lo e desencadear uma atitude defensiva. Você vai pensar coisas como: *Ele está errado. Ele deveria ouvir minha opinião. E as minhas opiniões?* Você sentirá a ânsia de lutar para ter razão. Essa é uma luta que muitos conselheiros adoram — vencer uma discussão é um reforço poderoso, mas pode destruir relacionamentos. Tentar vencer significa colocar a empatia de lado, atacar e defender com suas palavras. O custo disso será seu relacionamento. Você tem uma escolha. Pergunte a si mesmo: você quer ter razão ou quer se conectar? Se a resposta for a segunda, esteja disposto a fazer uma pausa, dê a si mesmo um tempo, se precisar, e depois pratique a empatia em primeiro lugar. Você se importa o suficiente com essa pessoa para abrir mão de ter razão?

Aprenda a deixar para lá

Por fim, lembre-se de que, mesmo que você seja habilidoso em seus relacionamentos, talvez não consiga resolver alguns problemas do relacionamento. As pessoas próximas a você costumam feri-lo? Considere isso um sinal de alerta. Esses relacionamentos podem ter de ser reavaliados. Se você tentar praticar empatia em primeiro lugar e se sentir maltratado ou pisoteado, ouça sua mágoa. Pode ser hora de colocar o autocuidado em primeiro lugar. Retorne às habilidades básicas, observando interna e externamente, e colocando o valor do autocuidado no devido lugar. Se você tem a sensação de que está sempre colocando a outra pessoa em primeiro lugar ou se sente que não está seguro, pode ser hora de procurar ajuda profissional. Algumas pessoas vão manipular sua empatia para usá-lo. Ser gentil, empático e respeitoso é uma potência. Não deixe que os outros transformem isso em uma fraqueza e a usem para maltratá-lo ou dominá-lo.

PRATICANDO CONEXÕES MAIS FORTES

A seguir, estão os passos para melhorar seus relacionamentos íntimos. Tente usar empatia afetuosa em primeiro lugar e deixe seu conselheiro para depois. Tome consciência de suas tentativas de resolver os problemas de outras pessoas e reequilibre-se por meio de tomada de perspectiva e compartilhamento de valor. Além disso, lembre-se: você também tem necessidades, então valorizar os outros deve estar em equilíbrio com cuidar de si mesmo.

Trazendo mais amor e amizade para a sua vida

A conexão é seu coringa para o bem-estar.
Prática em duas etapas: empatia afetuosa e depois empatia cognitiva.

Tomada de perspectiva *Coloque o valor compartilhado em primeiro lugar* *Pratique deixar as coisas passarem*

Tentativas inúteis de corrigir os outros: Resolver os problemas de outras pessoas, não perceber os sinais delas, precisar estar certo, levar as coisas para o lado pessoal.

Sacrifício inútil pelos outros: Perder o contato com seu próprio valor e autocuidado, deixando que os outros o tratem mal.

12
Gerenciando as dificuldades com os outros

Se você deseja dominar uma situação social difícil, concentre-se em estratégias eficazes, não em estratégias para se sentir bem. Mostrar às pessoas que você está "certo", criticá-las e envergonhá-las pode fazer você se sentir bem, mas também converte possíveis aliados em inimigos.

"O inferno são os outros." Essa é uma citação famosa da peça *Entre quatro paredes* (*No Exit*[1]), de Jean-Paul Sartre, mas ele não estava se referindo a todas as pessoas; ele quis dizer que o inferno era feito de pessoas egoístas, sádicas ou imorais. Você conhece o tipo: na maioria das vezes, elas são consideradas difíceis. Louise consegue se identificar; veja a história dela.

> Muitas vezes, me perguntei se eu era um ímã para conflitos. Em um dos meus locais de trabalho, um homem chegava todos os dias de terno azul-marinho, carregando sua maleta dos anos 1960 e dando a impressão de ser um cara gentil e educado. Então, ele sabotava todas as mulheres no local de trabalho. Ele atirava coisas, mentia sobre dados e coletava evidências contra membros da equipe. As mulheres reclamavam, mas os homens da alta gerência simplesmente não se importavam: "É uma caça às bruxas", diziam. O custo pessoal era imenso: perdia o sono e arruinava minha vida familiar até que, exausta, pedi demissão. Em outro local de trabalho, minha chefe colocava um funcionário contra o outro. Um dia, ela disse que eu precisava comprar um

item de estoque; mais tarde, naquele mesmo dia, ela disse a um colega que ia me demitir por comprá-lo.

Louise não sabia como lidar com esses desafios. Muitos de nós não sabemos. Este capítulo pode ajudá-lo a mudar isso.

Independentemente de se destacar na interação social ou se considerar uma pessoa introvertida, você irá encontrar dificuldades com outras pessoas. Elas vão estar em seus locais de trabalho, na comunidade e, infelizmente, às vezes em sua família. É provável que ninguém tenha preparado você para lidar com as dificuldades com os outros. Vamos ajudá-lo a identificar o que está acontecendo e oferecer uma nova maneira de gerenciar os conflitos.

POR QUE NOS CULPAMOS?

Voltemos à peça de Sartre, pois ela ilustra bem o poder das dificuldades com os outros em nossas vidas. A peça gira em torno de três personagens antipáticos: Garcin, Inez e Estelle. Todos os três têm histórias condenáveis. Garcin era covarde e infiel à sua esposa; Inez torturou psicologicamente uma mulher e a estimulou a cometer suicídio; e Estelle jogou seu bebê no mar de uma varanda de hotel. Os três personagens morrem e acabam juntos no inferno. Esse inferno é retratado como estar preso em uma sala sem janelas e sem saída. Cada personagem é forçado por toda a eternidade a se ver pelos olhos desaprovadores dos outros dois. A desaprovação é um inferno para cada um deles, assim como é para todos nós.

Considere seu local de trabalho ou ambiente social, onde alguém parece sempre estar criticando ou intimidando você. Se alguém o estiver julgando, você se sentirá mal e provavelmente pensará que a culpa é sua, pelo menos por um curto período de tempo. É relativamente automático. Somos uma espécie grupal, e emoções como culpa ou vergonha surgem rapidamente quando há estresse social. Esses sentimentos não estão errados; eles o ajudam a monitorar seu *status* social e voltar ao grupo, e provavelmente funcionaram bem quando os seres humanos viviam em pequenas aldeias de caçadores-coletores. No entanto, os locais de trabalho não têm a mesma reciprocidade de pequenas aldeias: eles têm lobos. Tudo isso significa que, se alguém o estiver julgando com severidade, você poderá passar um certo tempo se culpando. Você realmente não vai conseguir se proteger inteiramente da mágoa — poderá se sentir ferido mesmo *sabendo* que o julgamento dessa pessoa está errado e mesmo que tenha uma boa autoestima e amigos solidários.[2]

O julgamento ou o *bullying* também podem desencadear uma espiral descendente. O ciclo pode ser mais ou menos assim: alguém o critica — você se sente magoado e zangado — você julga e enfrenta essa pessoa — e isso a leva a criticá-lo ainda mais. Se estiver preso neste ciclo, é hora de mudar.

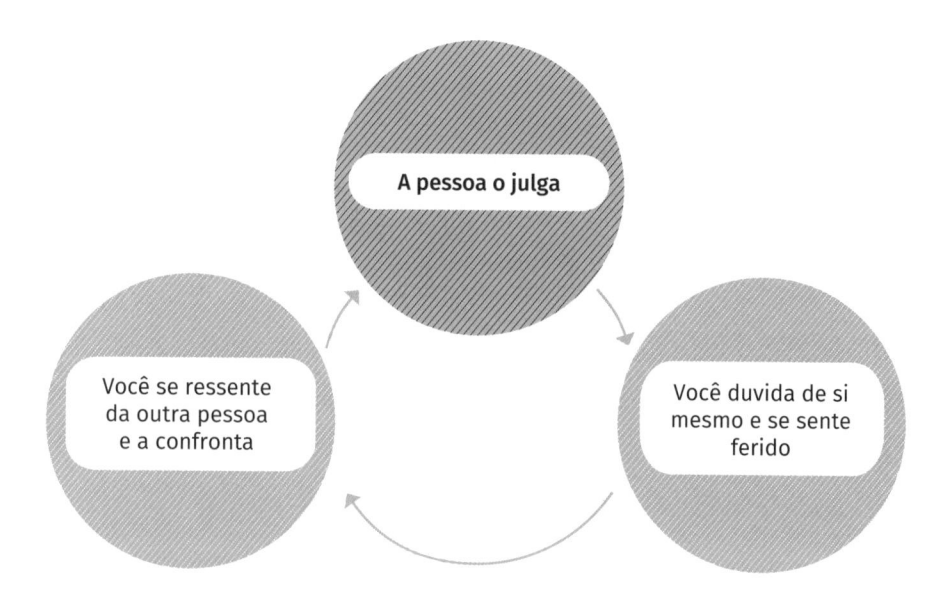

```
        A pessoa o julga
       ↗              ↘
Você se ressente      Você duvida de si
da outra pessoa       mesmo e se sente
e a confronta         ferido
       ↖              ↙
```

SAIBA QUE TIPO DE DIFICULDADE VOCÊ ENFRENTA

Seu primeiro passo na gestão de conflitos é conhecer a dificuldade que enfrenta. Seja honesto consigo mesmo. O problema é com a outra pessoa ou com você? Ela é realmente difícil? Lembre-se: as outras pessoas têm suas próprias necessidades e nem sempre visarão ao bem de outrem. Existe conflito porque as necessidades da outra pessoa são diferentes das suas? Aceite que as pessoas às vezes colocarão as necessidades delas em primeiro lugar. Tente encontrar o equilíbrio entre dar e receber.

Se tentou equilibrar as suas necessidades e as da outra pessoa e o conflito persiste, então você pode estar enfrentando uma pessoa difícil. Os dados sobre dificuldades com os outros sugerem que isso é dominante em nossas vidas.[3] É difícil saber quais comportamentos denotam uma pessoa *difícil*. Nem sempre é fácil reconhecer quando as pessoas foram além dos limites aceitáveis, agindo de forma egoísta ou agressiva ou sendo manipuladoras. Veja algumas pistas para procurar.

Comportamento egoísta

O egoísmo está presente sempre que outra pessoa consistentemente desconsidera o que você quer ou precisa. É sempre do jeito dela. Ela fará coisas como tirar vantagem de você, rebaixá-lo, dominá-lo para atingir seus objetivos, ou sempre colocar os interesses dela à frente dos seus.

Comportamento agressivo

O comportamento agressivo ocorre quando alguém tenta prejudicá-lo ou ferir seus sentimentos repetidas vezes (ou seja, não é um caso único). A agressão pode ser sutil, então vale a pena falar sobre os quatro tipos de agressão.

A *agressão direta* é óbvia para todo mundo. A pessoa o ataca física ou verbalmente, zomba de você, o insulta ou o rebaixa por causa de sua religião, gênero, raça ou outras características.

A *agressão passiva* envolve alguém tentar feri-lo indiretamente, em vez de abordar abertamente um problema com você. Exemplos incluem elogios ambíguos, prejudicar secretamente seus esforços, bancar a vítima, recusar comunicar-se com você, emburrar-se e usar sarcasmo.

A *agressão social* envolve fofocarem pelas suas costas e criarem alianças contra você.

A *agressão cibernética* envolve tentativas de prejudicá-lo por meio de qualquer tipo de mídia social, como *chats*, fóruns, *sites* e *e-mails*. A internet aumentou a oportunidade para as pessoas atacarem, odiarem e criticarem. Isso inclui comportamento passivo-agressivo, como *trolling*, que pode incluir escrever constantemente comentários carregados de emoção que visam a manipular percepções, a expressar "preocupação" por você estar errado ou a discordar de qualquer coisa que você poste.

Comportamento manipulativo

O comportamento manipulativo assume a forma de um manipulador que culpa os outros, distorce a verdade, alinha pessoas contra você e muda os eventos em seu favor e às suas custas. Esses comportamentos podem ser difíceis de detectar porque pessoas manipuladoras muitas vezes parecem encantadoras. Contudo, elas o manipulam reescrevendo eventos e criando confusão sobre o que aconteceu.* Podem agir na defensiva, transformando-se na vítima. Podem fazer você

---

* N. de R. T. Também conhecido como *gaslight*.

achar que é tudo culpa sua. Talvez você conheça pessoas que agem de forma manipulativa, como as *narcisistas*. Elas não são incomuns em famílias e locais de trabalho.[4]

IDENTIFIQUE SUA ESTRATÉGIA TÍPICA

Todos nós temos maneiras-padrão de tentar lidar com as dificuldades com os outros. É bom conhecer as suas. Depois de reconhecer sua estratégia típica para conflitos, você estará em melhor posição para avaliar se ela está funcionando. Existe potencialmente um número infinito de estratégias que você poderia usar, mas há uma maneira simples de classificar cada resposta possível em uma de quatro categorias, dependendo de você estar apoiando as necessidades da pessoa, desencorajando o comportamento dela, fazendo as duas coisas ou não fazendo nenhuma delas. Vamos aplicar esse raciocínio a um problema real. Pense em algum conflito que você tenha tido com uma pessoa difícil recentemente. Em seguida, leia as seguintes estratégias e veja se você usa alguma delas em demasia.

QUATRO ESTRATÉGIAS PARA EXPLORAR AO LIDAR COM UMA SITUAÇÃO SOCIAL DIFÍCIL.

IGNORAR OU FUGIR

SE POSICIONAR

SER REFORÇADOR

SER REFORÇADOR E SE POSICIONAR

©www.dnav.international

Primeira estratégia: Ignorar ou fugir

Esta estratégia inclui fingir que o incidente não ocorreu, sair ou evitar a situação. Às vezes, ela pode funcionar, especialmente quando outras estratégias pioram as coisas. Às vezes, a melhor resposta é não responder, dar um tempo e ser paciente. Contudo, certifique-se de considerar outras estratégias antes de concluir que não fazer nada ou fugir é sua única jogada.

Segunda estratégia: Se posicionar

Esta estratégia envolve ser assertivo e concentrar-se na redução de comportamentos indesejados. Você pode usá-la para estabelecer limites firmes com uma pessoa a fim de evitar que o comportamento se repita. Também é útil quando você não quer ser amigo da pessoa.

Ao tentar desencorajar um comportamento se posicionando, muitas vezes é melhor usar uma abordagem gradual. Comece com um ligeiro desencorajamento e passe para um desencorajamento mais firme apenas se a pessoa continuar indiferente. Por exemplo, se alguém continua lhe assoberbando de trabalho no último minuto, e você suspeita que essa pessoa esteja fazendo isso para prejudicá-lo, você pode inicialmente ser educado e claro: "Por favor, encaminhe o trabalho com prazos realistas". Caso o comportamento continue, você pode aumentar sua assertividade: "Não adianta me passar este trabalho tão perto do prazo de entrega. Por favor, avise-me com mais antecedência". Se o comportamento dela persistir, talvez seja necessário ser mais firme: "É inapropriado continuar me encaminhando trabalho na última hora. Se você não puder passar o trabalho com mais antecedência, terei que discutir isso com a gerência". Quando você está sob pressão, pode se sentir tentado a usar a estratégia mais forte primeiro, mas tenha cuidado. Essas estratégias geralmente têm consequências, como transformar a pessoa em um inimigo permanente. Use a mínima força necessária para influenciar a outra pessoa.

Terceira estratégia: Ser reforçador

Esta estratégia é um pouco menos óbvia e envolve reforçar seletivamente o tipo de comportamento que você deseja que a outra pessoa tenha, esperando que esse comportamento substitua aquele que você não quer. Você pode validar o esforço da pessoa, dizer algo positivo, ou reforçar as ações que aprecia. No exemplo anterior, poderia dizer algo como: "Eu agradeço por você ter me passado o trabalho com antecedência na semana passada. Foi atencioso de sua parte. Obrigado. Estava pensando se seria possível você continuar fazendo isso toda semana?".

Quarta estratégia: Ser reforçador e se posicionar

Com esta estratégia, você está sendo reforçador, mas firme e assertivo. No exemplo do prazo de entrega, poderia dizer: "Eu agradeço por você ter me passado o trabalho com antecedência na semana passada. Foi atencioso de sua parte. Obrigado. Porém, em algumas semanas eu recebi o trabalho com menos antecedência e isso aumenta minha pressão de trabalho. No futuro, eu agradeceria se houvesse um prazo de entrega de uma semana". Pode parecer que essa é sempre a melhor estratégia, mas talvez ela seja ineficaz em alguns contextos. Por exemplo, às vezes os gerentes são ensinados a inserir um *feedback* negativo dentro de um *feedback* positivo. Eles podem dizer algo como: "Só quero dizer o quanto estou feliz com seu trabalho. Entretanto, este trabalho recente estava abaixo do padrão. Você vai precisar melhorar. Mas continuo adorando seu trabalho".

Essa estratégia é tão familiar para alguns funcionários que eles começaram a chamá-la de "sanduíche de merda", uma vez que o que está no meio é muito ruim. Eles também começam a estremecer toda vez que seu gerente diz algo positivo, pois sabem que algo negativo está por vir. A questão é que você nunca deve usar uma estratégia de forma rígida e estereotipada. O segredo é a flexibilidade.

Você costuma adotar alguma das quatro estratégias em múltiplas situações? Por exemplo, está sempre resolvendo conflitos tentando ser agradável (terceira estratégia) ou discutindo e procurando dominar (segunda estratégia)? Talvez você evite conflitos a todo custo (primeira estratégia)? Talvez *sempre* reforce ações que ajudam e desencoraje ações que atrapalham (quarta estratégia); até isso pode se tornar um problema quando ocasionalmente deixar para lá (primeira estratégia) pode ser melhor. Nenhuma estratégia funciona todas as vezes. O segredo é perceber sua estratégia-padrão e, se não estiver funcionando, fazer uma pausa e tentar outra coisa.

COMO EXPERIMENTAR UMA NOVA ESTRATÉGIA

Experimentar uma nova estratégia requer duas coisas: fazer uma pausa e escolher uma ação valorizada.

Faça uma pausa

Se você decidiu que deseja experimentar uma nova estratégia, precisará usar suas habilidades de pausa para interromper sua velha estratégia. Observe seu impulso para responder rapidamente da maneira típica. Desacelere e respire. Como isso se manifesta em seu corpo? Observe seus pés no chão.

Ao enfrentar um conflito, você pode ver-se no modo de luta ou fuga, sentindo-se vulnerável e inclinado ao estresse. Seu corpo e mente ficam carregados de energia, procurando uma saída. Se isso acontecer, você pode responder rápido demais. Você sente uma urgência para enviar aquele *e-mail* ou confrontar diretamente a pessoa. Seu corpo e cérebro estão em alerta, dizendo: "Revide. Fuja. Agora. Faça alguma coisa!". Esse é o momento de fazer uma pausa.

Você geralmente tem mais tempo para responder do que pensa. Reduza o ritmo e faça uma avaliação completa e precisa da situação. Quanto mais absorve e considera, melhor será sua resposta.

Durante essa pausa, lembre-se do que você valoriza. Como quer agir durante esse conflito? Calmo, digno, forte, assertivo, eficaz? O que quer realizar? Qual seria um desfecho ideal aqui?

Você pode sentir-se tentado a fazer algo que *parece* bom, mas que piora as coisas. Por exemplo, se alguém o irritou, você dispara um *e-mail* atacando essa pessoa. Ou pode enfrentá-la na frente dos outros, fazendo-a sentir-se tola e colocada em seu lugar. Isso pode fazê-lo sentir-se bem e até reduzir o comportamento indesejado da outra pessoa por um curto período de tempo. Contudo, também pode fazê-la sentir-se envergonhada. Cuidado com ataques morais e públicos. A pessoa pode ceder, mas não vai esquecer. Ela pode ficar ressentida, prejudicá-lo secretamente e fazer os demais se voltarem contra você. Se você se sente tentado a usar uma estratégia inútil de bem-estar, retorne à habilidade de pausa anterior.

> Sua estratégia para conflitos é uma questão de se sentir bem ou de ser eficaz?

Escolha a ação valorizada

Agora que você aprendeu a fazer uma pausa, abriu espaço para tentar algo novo. A próxima pergunta é: qual será essa nova estratégia ou comportamento?

Nenhuma estratégia funciona sempre, em todas as situações e com todas as pessoas. Podem lhe dizer para ser assertivo, mas e se essa estratégia encorajar o outro a atacá-lo? Podem lhe dizer que você deve discutir seus sentimentos, mas e se a pessoa usar seus sentimentos contra você para feri-lo? Você não precisa seguir regras sociais de maneira rígida; precisa encontrar estratégias sociais que funcionem para você, em sua situação. É hora de descobrir.

Primeiro passo. Explore as quatro estratégias

O primeiro passo é considerar deliberadamente uma ampla gama de opções, mesmo aquelas que seu conselheiro diz que não têm chance de funcionar. Vamos fazer isso agora. Pense em uma situação difícil e imagine usar cada uma dessas estratégias com a pessoa.

- Imagine tentar ignorar ou fugir da situação.
- Imagine se posicionar.
- Imagine reforçar o comportamento positivo do outro.
- Imagine ser reforçador e se posicionar.

Segundo passo. Dê um passo ousado

Agora que considerou várias estratégias, decida qual delas você está disposto a tentar. Está disposto a se sentir desconfortável para tentar essa estratégia? Se sua resposta for sim, então experimente. Se sua resposta for não, busque outra estratégia ou encontre uma maneira menos desconfortável de implementar sua estratégia preferida.

Terceiro passo. Fique aberto ao feedback

A estratégia funcionou? Você conseguiu o resultado que queria? Se não, talvez seja necessário retornar ao primeiro passo e tentar outra coisa.

Existem duas maneiras concretas de aumentar a chance de sua estratégia funcionar. Primeiro, comece com confiança, sempre que possível. Considere que a outra pessoa pode melhorar seu comportamento. Dê às pessoas o benefício da dúvida, e na maioria das vezes elas o surpreenderão. Em segundo lugar, procure criar uma narrativa compartilhada. Em vez de atacar a pessoa, veja se você consegue encontrar um denominador comum. Pergunte a si mesmo: *O que ambos queremos?* Então pergunte: *Como podemos trabalhar juntos para isso?*

Quarto passo. Transforme o conflito em reforço

As quatro estratégias descritas são úteis quando se busca resolver um conflito específico. Às vezes, você pode fazer uma mudança mais profunda com a pessoa e transformar seu relacionamento de modo que seja favorável para ambos, em vez de conflituoso. Fazemos isso focando nos valores dela e nos seus.

Você sabe o que a pessoa em questão valoriza? Você pode assumir a perspectiva dela para ver o que importa para ela? Assumir a perspectiva de outra pessoa pode ser doloroso. Você pode se sentir tentado a apenas bloqueá-la. Mas quanto melhor você entender a posição dela, mais preparado estará para responder de forma eficaz. Você pode presumir que a outra pessoa é motivada por uma de três necessidades:[5]

Se sentir no controle
Se sentir competente
Se sentir valorizada e aceita como pessoa

Por exemplo, digamos que um colega esteja com frequência criticando injustamente seu trabalho. Você pode se perguntar: o que o está motivando? Ele o está criticando porque precisa se sentir no controle e poderoso? Ou ele se sente ameaçado por sua habilidade e precisa se sentir competente ao seu lado? Tente adivinhar do que ele precisa. A seguir, tente transformar o conflito em aliança, experimentando diferentes maneiras de apoiar as necessidades dele. Embora isso pareça contraintuitivo e provavelmente vá contra seu impulso inicial, essa abordagem de atender às necessidades subjacentes do outro pode desencadear mais dos comportamentos que você deseja dele.

Vejamos um exemplo. Digamos que você suspeite que sua pessoa difícil está motivada a se sentir mais competente. Sua estratégia seria, então, atender a essa necessidade de competência validando sua habilidade quando ela faz algo de forma eficaz. Então, observe o que acontece a seguir. Ela parece satisfeita ou contente? Ela parou de criticá-lo? Se for esse o caso, você pode ter adivinhado a motivação dela. Se não for, então, você pode experimentar outra estratégia.

Essa abordagem envolve tentar algo e monitorar as consequências. Não estamos sugerindo que você sempre use esses tipos de estratégias de apoio e de satisfação de necessidades, mas, se puder usá-las sem inibir suas próprias necessidades, pode tentar.

E SE NADA FUNCIONAR?

Se você chegar a um ponto em que todas as estratégias falharam repetidamente, a solução pode ser sair ou fugir. Quebre o ciclo. Infelizmente, você enfrentará situações em que será obrigado a interagir com uma pessoa difícil e não poderá fugir. Pode ser em seu local de trabalho, em círculos sociais, na comunidade e, às vezes, até em sua família.

Uma nota de advertência é essencial: se estiver em um relacionamento com alguém que faz você se sentir inseguro, maltratado ou em perigo, não lide com essa pessoa difícil sozinho. Primeiramente, busque apoio. As estratégias que discutimos neste livro ajudam com dificuldades com outras pessoas, como colegas de trabalho, mas um parceiro abusivo ou uma situação de alto risco é completamente diferente. Procure ajuda. Lembre-se de que procurar ajuda não é uma fraqueza, mas uma força.

PRATICANDO NOVAS MANEIRAS DE GERENCIAR DIFICULDADES

Quando surgirem dificuldades com os outros, pratique as estratégias resumidas a seguir. Tente explorar várias ações e fique aberto ao *feedback* sobre como cada tentativa funciona.

Gerenciando as dificuldades com os outros

| Faça uma pausa e considere o que tem valor para você e para o relacionamento. | Explore múltiplas estratégias, experimente algo novo, fique aberto ao *feedback*, procure ajuda. | Experimente ações que transformem o conflito em conexão. |

Ser excessivamente afável:
Não considerar as suas próprias necessidades, ceder às necessidades dos outros, não ter limites ou fronteiras.

Ser excessivamente agressivo:
Tentar convencer, argumentar, ser agressivo ou atacar o outro.

13
Esperança ativa enquanto o mundo muda

Não podemos dar as costas para esta catástrofe porque não há para onde ir. Não há como fugir desta Terra. Quando reconhecemos a crise, nos tornamos capazes de dar passos ousados e criar esperança.

Seria negligente que um livro sobre mudança ignorasse as maiores mudanças diante de todos nós. Neste momento, o mundo enfrenta mudanças sem precedentes em todos os níveis: individual, social, político, econômico e ambiental. Ao longo deste livro, nós o encorajamos a estar aberto à sua dor e a mudar. Você viu que a abertura cria um caminho para a esperança, ao passo que a esquiva aumenta sua dificuldade e desespero. Os seres humanos são excelentes na resolução de problemas, mas não podemos resolver o que nos recusamos a enxergar. É hora de nos debruçarmos, não de virar as costas para nosso mundo em transformação.

O que escrevemos a seguir está baseado na ciência: a comunidade internacional dos cientistas concorda que o planeta está aquecendo mais rápido do que os dados previam.[1] Espécies animais e vegetais estão enfrentando a sexta extinção em massa. Os oceanos estão se acidificando. As calotas polares estão derretendo. Essas mudanças trarão eventos climáticos extremos, escassez de água, incêndios, desertificação, colheitas perdidas e escassez de alimentos. Historicamente, mudanças desse tipo também trazem guerra e conflito. Pare um momento para considerar apenas uma dessas mudanças: as Nações Unidas previram que dois terços da população enfrentarão escassez de água até 2025.[2] Deixe que esta última informação seja absorvida, observe sua magnitude e preste atenção ao ano. Isso faz sua coragem esmorecer, não? Mas, se ignorarmos os dados, prejudicaremos nossa própria saúde e bem-estar, das gerações futuras e de todos os seres vivos. A crise climática está avançando sobre nós.

O mundo se convulsiona com mudanças indesejáveis. Em 2020, uma pandemia colocou o mundo de joelhos. Pessoas perderam entes queridos, enfrentaram doenças prolongadas, desemprego, dificuldades econômicas e confinamentos que teriam sido inimagináveis apenas um ano antes. Vimos como a distância afastou entes queridos que sentimos falta de abraçar novamente. Lacunas se abriram em nossas vidas. As fronteiras dos países se fecharam. Selamos as portas das alas geriátricas e das UTIs hospitalares, enquanto nossos entes queridos faleciam lá dentro. Não previmos que isso aconteceria, e, como costuma acontecer, a mudança não nos deixou escolha a não ser nos adaptarmos.

Os maiores desafios da história humana moderna estão aqui. Agora.

Este breve capítulo de encerramento lhe mostrará como usar suas habilidades DNA-V para construir esperança ativa, encontrar propósito e enfrentar essas dificuldades. Cada leitor ocupará um lugar diferente em termos de opiniões, conhecimentos, capacidade e disponibilidade para agir. Não há problema em haver diferença. Não há vergonha em ser uma pessoa que age cultivando vegetais de forma sossegada ou uma pessoa que age com uma forte voz pública. A única vergonha é não agir. Devemos ver a crise com honestidade, considerar o que podemos fazer e ajudar a mudar nosso mundo. Não fornecemos conselhos específicos aqui, como dizer para você parar de viajar de avião ou de andar de carro; esses detalhes são para outros especialistas. Aqui, mostramos como suas habilidades DNA-V, um sistema baseado na ciência comportamental, podem ajudá-lo a enfrentar uma crise e trazer esperança ativa. Você pode ajudar seus filhos, sua família e o nosso mundo. Cabe a você e a nós. Enfrentar essa mudança é um processo doloroso, mas é a nossa única chance de sobrevivência.

USE A FORÇA DO SEU OBSERVADOR PARA VER NOSSA DOR

Emoções negativas não são como ameaças externas negativas. Quando você toca em um fogão quente, você se afasta. Nesse caso, evitar ajuda. Muitas culturas têm normas que seguem a mesma lógica para emoções negativas — se dói, faça parar, bloqueie, encerre e afaste-se da fonte da dor. Mas a pesquisa usando a terapia de aceitação e compromisso tem mostrado repetidamente que o inverso é a regra para a dor emocional.[3] Quando você evita a dor emocional, como tristeza, ansiedade e raiva, ela não vai embora; ela ferve e, na maioria das vezes, ainda cresce. E, quando você está evitando a dor emocional de uma crise inegável, está tocando violino enquanto o *Titanic* afunda. Isso não tem como acabar bem.

Existe outra maneira. Use sua habilidade de observador para dar permissão às suas emoções em vez de bloqueá-las. Transforme sua dor em propósito. Se todos dermos as costas para a crise, vamos piorar a dor. Passaremos todo o nosso tempo discutindo, negando e lutando uns contra os outros em vez de contra o problema. Se em vez disso nos mantivermos abertos para a dor compartilhada, poderemos reconhecer que estamos nisso juntos. A solidariedade traz esperança. Não escutar permite que nos afastemos do sofrimento em curto prazo, mas o problema não vai desaparecer. Esteja disposto a ouvir. Sabemos que a dor é terrível; ela pode trazer lágrimas aos seus olhos ou fazer seu coração doer, *e* isso o coloca em posição de fazer algo.

USE A VISÃO DO SEU CONSELHEIRO

No capítulo introdutório, listamos cinco razões pelas quais as pessoas resistem à mudança. Voltaremos a isso agora para mostrar como seu conselheiro se comporta durante crises.

Em primeiro lugar, inconsciente ou destreinado, seu conselheiro irá levá-lo a se afastar de situações imediatas de desconforto. Seu conselheiro pode sugerir que você se afaste do medo e da incerteza e continue vivendo no mesmo estilo de vida, fingindo que nada está mudando. Você pode parar de assistir ao noticiário em favor do conforto de uma comédia ou, pior, encontrar conforto nas redes sociais ou nas câmaras de eco negacionistas da ciência. Civilizações humanas entraram em colapso anteriormente por sua incapacidade de mudar. Nossa civilização não está imune.

Em segundo lugar, seu conselheiro pode sugerir que você se afaste porque tem um senso de competência reduzido. Por exemplo, você pode dizer a si mesmo: *Sou apenas uma pessoa. O que posso fazer? Os governos precisam consertar isso.* É fácil para o nosso conselheiro perder de vista o poder de uma pessoa para encabeçar uma mudança coletiva. Rosa Parks, por exemplo, foi apenas uma mulher norte-americana negra que se recusou a ceder seu assento para um homem branco, mas tornou-se um catalisador para o movimento dos direitos civis nos Estados Unidos.

Terceiro, não gostamos de nos sentir controlados. Por exemplo, quando grupos de defesa sugerem que você faça mudanças, como usar transporte público, parar de comer carne ou usar máscara, seu conselheiro pode ficar resistente e exigir que os outros não tenham o direito de lhe dizer como viver. Podemos nos rebelar contra as políticas de saúde pública para que possamos nos *sentir* no controle, mesmo quando estamos perdendo o controle do nosso planeta.

Quarto, seu conselheiro dirá que é muito difícil, requer esforço demais. Mudar seu comportamento de poluidor para consumidor consciencioso pode ser difícil, mas dar as costas será, em longo prazo, catastrófico.

Finalmente, o mais difícil de tudo é que seu conselheiro lhe diz que suas previsões negativas estão corretas. Roma está queimando; é tarde demais. Você pode pensar que é irremediável.

Em vez de usar seu conselheiro da maneira habitual, use-o para encontrar saídas para esse dilema. Quando você se sentir sem esperança, lembre-se de que seu conselheiro é fraco para prever o futuro. Veja da seguinte maneira: se você pensar em apenas alguns anos atrás, como achava que seria 2022? Você previa uma pandemia em 2004, quando surgiu Facebook; em 2007, quando o último livro de Harry Potter foi lançado; ou em 2008, quando o primeiro presidente negro foi eleito nos Estados Unidos? Imagine se tivéssemos dado um tapinha no seu ombro e pedido que o seu conselheiro fizesse uma previsão. Você acha que ele teria previsto que os governos confinariam as pessoas para evitar a morte? Ou que a desigualdade racial poderia ir além? Ou que os líderes mundiais *ainda* discutiriam sobre a ciência do clima sendo que o mundo ficou visivelmente mais quente? Provavelmente não. Mostramos que a função do seu conselheiro é prever ameaças e focar no negativo. Se você ouvir o seu conselheiro neste momento, suas previsões podem ser de que não podemos impedir que este barco afunde. Você vai observar emoções fortes, talvez desespero, raiva ou frustração. E sua ação pode ser desistir. Viver como se não houvesse amanhã — que se dane —, apenas dançar. Mas as previsões incorretas do seu conselheiro são justamente o motivo de ter esperança. Suas previsões negativas podem estar erradas.

O conselheiro ainda é a máquina de solução de problemas mais poderosa de todos os tempos, se você usá-lo. Neste momento, pessoas visionárias em todo o mundo estão reconhecendo sua dor e usando o superpoder de seu conselheiro para encontrar soluções. Podemos corrigir muitos aspectos, mas apenas se olharmos para o problema e adotarmos uma nova tecnologia.[4] Em muitos casos, a tecnologia de que precisamos já foi inventada.[5] Podemos aproveitar os oceanos para criar florestas de algas marinhas que retiram carbono da atmosfera. A tecnologia que tanto amamos pode funcionar com energia renovável e nos permitir manter os combustíveis fósseis no solo enquanto ainda usamos carros e computadores. Drones capazes de plantar milhões de árvores e reflorestar rapidamente estão disponíveis. Economistas forneceram novos paradigmas econômicos, como a "economia do *donut*", que criam igualdade e comunidade.[6] Os exemplos são muitos. Veja, o conselheiro humano é visionário se você o direciona para encontrar soluções, não para se fechar e se esquivar. Somos todos necessários para salvar nosso mundo. Só há esperança na ação coletiva. Na inação, há apenas desespero.

ATIVE SEU DESCOBRIDOR COM NOVAS AÇÕES

Ao ficar cara a cara com a crise, você pode se retirar para o que é seguro e familiar. Lembra daquela zona de hábito? Desligar o noticiário e fazer algo que lhe traga conforto. É difícil mudar e se abrir para novas ações que causam desconforto. Você pode ficar reativo; talvez queira parar de ler este capítulo porque ele é confrontador. Você pode se fechar, desligar e se afastar. Mas saiba disso: seu descobridor é um grande aliado para enfrentar as lutas ao seu redor.

O espaço da descoberta é onde novas ações podem trazer esperança. Seja curioso, explore, se aproxime da incerteza e dê o menor dos passos. Isso é um começo — passos pequenos, ousados. Bilhões de pessoas realizando pequenas ações é *muita ação*. A ciência mostra os benefícios de pequenos passos. Por exemplo, doar-se aos outros ajuda as pessoas a se recuperarem da depressão; ajuda tanto aquele que doa quanto aquele que recebe.[7] O voluntariado ajuda a caridade e constrói propósito no voluntário.[8] O primeiro passo que você dá pode exigir esforço, mas lhe dará impulso.

Você ficará mais esperançoso quando começar a agir.[9] Para questões mais significativas como a saúde do nosso planeta, dê qualquer passo, por menor que seja. Talvez você opte por escrever para seus políticos, cultivar plantas, pegar voos neutros em carbono ou comer menos carne alguns dias por semana. Sabemos que pequenas mudanças não irão por si só deter as mudanças climáticas — estamos muito além da reciclagem como meio de salvar o planeta —, mas esses passos são para que *você* inicie o processo. Por que isso importa? A ciência comportamental nos mostra que os primeiros passos levam a mais passos.[10] Você só precisa começar.

FORÇA EM NÚMEROS

O poder da humanidade reside em nossa capacidade de funcionar, não como indivíduos egoístas, mas como grupos com ideias semelhantes.[11] As famílias cooperam e tornam-se comunidades. As comunidades ligam-se a países e, depois, à humanidade. Todo esse poder de grupos cooperativos, de pequenos a grandes, permanece até hoje.

Por exemplo, uma jovem adolescente da Suécia, sentada do lado de fora do parlamento protestando contra a inação climática, deu início a um movimento mundial de greve de estudantes em prol da ação climática. Você deve conhecer

Greta Thunberg e seu apelo à ação, que conquistou o coração e a mente de milhões de jovens ativistas em todo o mundo. Contudo, lembre-se de que, no início, ela era apenas uma jovem que estava disposta a enfrentar a oposição de seus pais e professores e agir com base em seu valor. Ela formou um pequeno grupo que, posteriormente, deu origem a milhares de pequenos grupos. As greves escolares pela ação climática levaram 4 milhões de estudantes a protestar durante quatro dias em setembro de 2019,[12] e mais alguns milhões nos anos seguintes. Os passos estão aí — faça uma pequena ação e conecte-se a um grupo.

Existem muitos grupos de todos os tipos trabalhando em prol da esperança ativa. Há de tudo, desde ativistas radicais a grupos conservadores.[13] O que importa é saber que pessoas com ideias afins e que trabalham no nível de base criam movimentos. Um pequeno grupo de oito estudantes iniciou uma ação coletiva contra seu governo, exigindo o dever de zelar pelas crianças e seu futuro.[14] Existem muitos exemplos como esse em todo o mundo. O Painel Intergovernamental Sobre Mudanças Climáticas foi estabelecido com 195 governos que trabalham juntos para avaliar e agir.[15] As pessoas podem se unir e criar poder por meio de números e isso pode influenciar os governos. Grupos de pessoas comuns podem influenciar o investimento de capital. O Fundo Monetário Internacional anunciou que os combustíveis fósseis provavelmente se tornarão ativos ociosos, argumentando que cuidemos do mundo natural com novas políticas econômicas. Você não é pequeno quando se une aos outros para tomar medidas econômicas. Não sabemos o que pode acontecer se pequenos investimentos e economias forem transferidos para energias renováveis. O que sabemos é que os grupos de base estão despertando para o poder que se amplia dentro de colaborações de grupos com ideias semelhantes. Você pode criar esperança e força em seus pequenos grupos.

A CADA DIA, VALOR E ESPERANÇA

Começamos este livro falando de aspirações e mudanças. Convocamos você a se abrir para os anseios mais profundos do seu coração para a sua vida, para se abrir para o propósito e para o valor que você tem. Concluímos o livro da mesma forma. Sabemos que as mudanças que o mundo enfrenta podem parecer esmagadoras. Pense no poder que você tem se abrir seu coração para seus valores, permitir a dor e se recusar a desviar o olhar. Transforme a dor da mudança mundial em sua paixão e poder. Seja qual for o nível de mudança que você planeja, saiba que seus esforços sinceros serão importantes. Cada ação valorizada, por menor que seja, pode mudar o mundo.

E se
O mundo realmente acabar
Vai acabar
Acabou
E já é tarde demais

Mas não faz mal
Pois o velho mundo nunca foi seu
Foi feito por aqueles que vieram antes de você
Quando você era apenas um sussurro
Da imaginação deles
À beira de um sonho
Que jamais puderam lembrar
Quando acordaram

E você moldará o novo mundo
Entre seus dedos
Como um oleiro com barro
E será confuso
E você vai se sujar
E ele vai girar e desmoronar

E então, se você for gentil
E paciente
E não desistir
Ele vai ressurgir
E tomar forma
Em suas mãos

Formando algo que é lindo
Algo que é seu
Que é exatamente tão
Ou mais estupendo ainda
Do que você poderia imaginar?

— Lisa Coyne, "Poema no Fim do Mundo"[16]

Notas

INTRODUÇÃO

1. L. L. Hayes and J. Ciarrochi, *The Thriving Adolescent: Using Acceptance and Commitment Therapy and Positive Psychology to Help Teens Manage Emotions, Achieve Goals, and Build Connection* (Oakland, CA: New Harbinger, 2015).

2. L. N. Landy, R. L. Schneider, and J. J. Arch, "Acceptance and Commitment Therapy for the Treatment of Anxiety Disorders: A Concise Review," *Current Opinion in Psychology* 2 (2015): 70–74.

   E. B. Lee, W. An, M. E. Levin, and M. P. Twohig, "An Initial Meta-Analysis of Acceptance and Commitment Therapy for Treating Substance Use Disorders," *Drug Alcohol Dependence* 155 (2015): 1–7.

   M. E. Levin, M. J. Hildebrandt, J. Lillis, and S. C. Hayes, "The Impact of Treatment Components Suggested by the Psychological Flexibility Model: A Meta-Analysis of Laboratory-Based Component Studies," *Behavior Therapy* 43 (2012): 741–756.

   S. C. Hayes, K. D. Strosahl, and K. G. Wilson, *Acceptance and Commitment Therapy, Second Edition: The Process and Practice of Mindful Change* (New York: Guilford Press, 2016).

3. J. Ciarrochi, P. W. B. Atkins, L. L. Hayes, B. K. Sahdra, and P. Parker, "Contextual Positive Psychology: Policy Recommendations for Implementing Positive Psychology into Schools," *Frontiers in Psychology* 7 (2016): 1561.

T. B. Kashdan and J. Ciarrochi, *Mindfulness, Acceptance, and Positive Psychology: The Seven Foundations of Well-Being* (Oakland, CA: Context Press, 2013).

4. J. Ciarrochi, S. Hayes, L. Hayes, B. Sahdra, M. Ferrari, K. Yap, S. Hofmann (in press), "From Package to Process: An Evidence-Based Approach to Processes of Change in Psychotherapy," in S. Hofmann (ed.), *Comprehensive Clinical Psychology: Foundations*. Elsevier.

5. L. O. Fjorback, M. Arendt, E. Ornbøl, P. Fink, and H. Walach, "Mindfulness-Based Stress Reduction and Mindfulness-Based Cognitive Therapy: A Systematic Review of Randomized Controlled Trials," *Acta Psychiatrica Scandinavica* 124 (2011): 102–119.

6. R. M. Ryan and E. L. Deci, *Self-Determination Theory: Basic Psychological Needs in Motivation, Development, and Wellness* (New York: Guilford Press, 2017).

7. M. D. Ainsworth, M. Blehar, E. Waters, and S. Wall, *Patterns of Attachment: A Psychological Study of the Strange Situation* (Hillsdale, NJ: Erlbaum, 1978).

8. S. C. Hayes, S. G. Hofmann, and J. Ciarrochi, "A Process-Based Approach to Psychological Diagnosis and Treatment: The Conceptual and Treatment Utility of an Extended Evolutionary Meta Model," *Clinical Psychology Review* 82 (2020): 101908.

CAPÍTULO 1

1. G. Basarkod, B. K. Sahdra, N. Hooper, and J. Ciarrochi, *The Six Ways to Well-Being (6W-WeB): Assessing the Frequency of and Motivation for Six Behaviours Linked to Well-Being*, PsyArXiv (September 30, 2019), doi:10.31234/osf.io/jtcng.

2. G. L. Cohen and D. K. Sherman, "The Psychology of Change: Self-Affirmation and Social Psychological Intervention," *Annual Review of Psychology* 65 (2014): 333–371.

3. J. A. Chase, et al., "Values Are Not Just Goals: Online ACT-Based Values Training Adds to Goal Setting in Improving Undergraduate College Student Performance," *Journal of Contextual Behavioral Science* 2 (2013): 79–84.

4. G. L. Cohen, J. Garcia, N. Apfel, and A. Master, "Reducing the Racial Achievement Gap: A Social-Psychological Intervention," *Science* 313 (2006): 1307–1310.

5. B. M. Smith, et al., "The Influence of a Personal Values Intervention on Cold Pressor-Induced Distress Tolerance," *Behavior Modification* 43 (2019): 688–710.

6. E. R. Hebert, M. K. Flynn, K. G. Wilson, and K. K. Kellum, "Values Intervention as an Establishing Operation for Approach in the Presence of Aversive Stimuli," *Journal of Contextual Behavioral Science* 20 (2021): 144–154.

CAPÍTULO 2

1. N. Torneke, *Learning RFT: An Introduction to Relational Frame Theory and Its Clinical Application* (Oakland, CA: New Harbinger Publications, 2010).

2. Torneke, *Learning RFT*.

3. R. F. Baumeister, E. Bratslavsky, C. Finkenauer, and K. D. Vohs, "Bad Is Stronger Than Good," *Review of General Psychology* 5 (2001): 323–370.

4. Torneke, *Learning RFT*.

5. Baumeister, *Bad Is Stronger Than Good*.

6. R. Brockman, J. Ciarrochi, P. Parker, and T. Kashdan, "Emotion Regulation Strategies in Daily Life: Mindfulness, Cognitive Reappraisal and Emotion Suppression," *Cognitive Behaviour Therapy* 46 (2017): 91–113.

7. S. C. Hayes, K. G. Wilson, E. V. Gifford, V. M. Follette, and K. Strosahl, "Experiential Avoidance and Behavioral Disorders: A Functional Dimensional Approach to Diagnosis and Treatment," *Journal of Clinical and Consulting Psychology* 64 (1996): 1152–1168.

8. D. A. Assaz, B. Roche, J. W. Kanter, and C. K. B. Oshiro, "Cognitive Defusion in Acceptance and Commitment Therapy: What Are the Basic Processes of Change?" *Psychological Record* 68 (2018): 405–418.

CAPÍTULO 3

1. A. Ortony, G. Clore, and A. Collins, *The Cognitive Structure of Emotion* (Cambridge, UK: Cambridge University Press, 1988).

    B. L. Fredrickson and M. F. Losada, "Positive Affect and the Complex Dynamics of Human Flourishing," *American Psychologist* 60 (2005): 678–686.

2. T. B. Kashdan, V. Barrios, J. P. Forsyth, and M. F. Steger, "Experiential Avoidance as a Generalized Psychological Vulnerability: Comparisons with Coping and Emotion Regulation Strategies," *Behaviour Research and Therapy* 44 (2006): 1301–1320.

    T. B. Kashdan, et al., "A Contextual Approach to Experiential Avoidance and Social Anxiety: Evidence from an Experimental Interaction and Daily Interactions of People with Social Anxiety Disorder," *Emotion* 14 (2014): 769–781.

3. P. Cuijpers, E. Karyotaki, L. de Wit, and D. D. Ebert, "The Effects of Fifteen Evidence-Supported Therapies for Adult Depression: A Meta-Analytic Review," *Psychotherapy Research* 30 (2020): 279–293.

4. B. Brown, *Daring Greatly: How the Courage to Be Vulnerable Transforms the Way We Live, Love, Parent, and Lead* (New York: Penguin, 2015).

5. Cuijpers, "The Effects of Fifteen Evidence-Supported Therapies for Adult Depression."

    Brown, *Daring Greatly*.

6. K. Sanada, et al., "Effects of Mindfulness-Based Interventions on Salivary Cortisol in Healthy Adults: A Meta-Analytical Review," *Frontiers in Physiology* 7 (2016): 471.

    L. O. Fjorback, M. Arendt, E. Ornbøl, P. Fink, and H. Walach, "Mindfulness-Based Stress Reduction and Mindfulness-Based Cognitive Therapy: A Systematic Review of Randomized Controlled Trials," *Acta Psychiatrica Scandinavica* 124 (2011): 102–119.

    E. Malcoun, "Unpacking Mindfulness: Psychological Processes Underlying the Health Benefits of a Mindfulness-Based Stress Reduction Program" (PhD diss., Bryn Mawr College, 2008).

7. J. Ciarrochi, P. C. L. Heaven, and S. Supavadeeprasit, "The Link Between Emotion Identification Skills and Socio-Emotional Functioning in Early Adolescence: A 1-Year Longitudinal Study," *Journal of Adolescence* 31 (2008): 565–582.

   J. B. Torre and M. D. Lieberman, "Putting Feelings into Words: Affect Labeling as Implicit Emotion Regulation," *Emotion Review* 10 (2018): 116–124.

8. Sanada, "Effects of Mindfulness-Based Interventions on Salivary Cortisol in Healthy Adults."

   Fjorback, "Mindfulness-Based Stress Reduction and Mindfulness-Based Cognitive Therapy."

   Malcoun, "Unpacking Mindfulness."

CAPÍTULO 4

1. A. Gopnik, et al., "Changes in Cognitive Flexibility and Hypothesis Search Across Human Life History from Childhood to Adolescence to Adulthood," *Proceedings of the National Academy of Sciences of the USA* 114 (2017): 7892–7899.

2. Gopnik, "Changes in Cognitive Flexibility."

3. T. P. German and M. A. Defeyter, "Immunity to Functional Fixedness in Young Children," *Psychonomic Bulletin & Review* 7 (2000): 707–712.

4. D. J. Plebanek and V. M. Sloutsky, "Costs of Selective Attention: When Children Notice What Adults Miss," *Psychological Science* 28 (2017): 723–732.

   V. M. Sloutsky and A. V. Fisher, "When Development and Learning Decrease Memory: Evidence Against Category-Based Induction in Children," *Psychological Science* 15 (2004): 553–558.

5. Gopnik, "Changes in Cognitive Flexibility."

6. S. McLoughlin, I. Tyndall, and A. Pereira, "Relational Operant Skills Training Increases Standardized Matrices Scores in Adolescents: A Stratified Active-Controlled Trial," *Journal of Behavioral Education* (2020), doi:10.1007/s10864-020-09399-x.

7. B.-Y. Li, Y. Wang, H.-D. Tang, and S.-D. Chen, "The Role of Cognitive Activity in Cognition Protection: From Bedside to Bench," *Translational Neurodegeneration* 6 (2017): 7.

8. E. L. Garland, et al., "Upward Spirals of Positive Emotions Counter Downward Spirals of Negativity: Insights from the Broaden-and-Build Theory and Affective Neuroscience on the Treatment of Emotion Dysfunctions and Deficits in Psychopathology," *Clinical Psychology Review* 30 (2010): 849–864.

CAPÍTULO 5

1. C. Lewis, N. P. Roberts, M. Andrew, E. Starling, and J. I. Bisson, "Psychological Therapies for Post-Traumatic Stress Disorder in Adults: Systematic Review and Meta-Analysis," *European Journal of Psychotraumatology* 11 (2020): 1729633.

2. J. Kolacz, et al., "Adversity History Predicts Self-Reported Autonomic Reactivity and Mental Health in US Residents During the COVID-19 Pandemic," *Frontiers in Psychiatry* 11 (2020): 577728.

    B. A. Van der Kolk, *The Body Keeps the Score: Brain, Mind, and Body in the Healing of Trauma* (New York: Penguin, 2015).

3. S. W. Porges, "The Polyvagal Theory: New Insights into Adaptive Reactions of the Autonomic Nervous System," *Cleveland Clinic Journal of Medicine* 76 Suppl 2 (2009): S86-90.

4. Porges, "The Polyvagal Theory."

    K. Roelofs, "Freeze for Action: Neurobiological Mechanisms in Animal and Human Freezing," *Philosophical Transactions of the Royal Society of London, Series B, Biological Sciences* 372 (2017).

5. C. Schiweck, D. Piette, D. Berckmans, S. Claes, and E. Vrieze, "Heart Rate and High Frequency Heart Rate Variability During Stress as Biomarker for Clinical Depression: A Systematic Review," *Psychological Medicine* 49 (2019): 200–211.

6. Schiweck, "Heart Rate and High Frequency Heart Rate Variability."

    J. F. Thayer, F. Ahs, M. Fredrikson, J. J. Sollers III, and T. D. Wager, "A Meta-Analysis of Heart Rate Variability and Neuroimaging Studies: Implications for Heart Rate Variability as a Marker of Stress and Health," *Neuroscience & Biobehavioral Reviews* 36 (2012): 747–756.

I. Grossmann, B. K. Sahdra, and J. Ciarrochi, "A Heart and a Mind: Self-Distancing Facilitates the Association Between Heart Rate Variability and Wise Reasoning," *Frontiers in Behavioral Neuroscience* 10 (2016): 68.

B. K. Sahdra, J. Ciarrochi, and P. D. Parker, "High-Frequency Heart Rate Variability Linked to Affiliation with a New Group," *PLoS One* 10 (2015): e0129583.

L. R. Wulsin, P. S. Horn, J. L. Perry, J. M. Massaro, and R. B. D'Agostino, "Autonomic Imbalance as a Predictor of Metabolic Risks, Cardiovascular Disease, Diabetes, and Mortality," *Journal of Clinical Endocrinology and Metabolism* 100 (2015): 2443–2448.

7. Kolacz, "Adversity History Predicts Self-Reported Autonomic Reactivity."

8. C. Benjet, et al., "The Epidemiology of Traumatic Event Exposure Worldwide: Results from the World Mental Health Survey Consortium," *Psychological Medicine* 46 (2016): 327–343.

9. H. Yaribeygi, Y. Panahi, H. Sahraei, T. P. Johnston, and A. Sahebkar, "The Impact of Stress on Body Function: A Review," *EXCLI Journal* 16 (2017): 1057–1072.

10. R. F. Krueger, B. M. Hicks, and M. McGue, "Altruism and Antisocial Behavior: Independent Tendencies, Unique Personality Correlates, Distinct Etiologies," *Psychological Science* 12 (2001): 397–402.

    M. J. Poulin, et al., "Does a Helping Hand Mean a Heavy Heart? Helping Behavior and Well-Being Among Spouse Caregivers," *Psychology and Aging* 25 (2010): 108–117.

11. C. Schwartz, J. B. Meisenhelder, Y. Ma, and G. Reed, "Altruistic Social Interest Behaviors Are Associated with Better Mental Health," *Psychosomatic Medicine* 65 (2003): 778–785.

12. J. Ciarrochi, R. Harris, and A. Bailey, *The Weight Escape: Stop Fad Dieting, Start Losing Weight and Reshape Your Life Using Cutting-Edge Psychology* (London: Hachette UK, 2015).

    J.-P. Chaput, et al., "Sleep Timing, Sleep Consistency, and Health in Adults: A Systematic Review," *Applied Physiology, Nutrition, and Metabolism* 45 (2020): S232–S247.

P. de Souto Barreto, Y. Rolland, B. Vellas, and M. Maltais, "Association of Long-term Exercise Training with Risk of Falls, Fractures, Hospitalizations, and Mortality in Older Adults: A Systematic Review and Meta-Analysis," *JAMA of Internal Medicine* 179 (2019): 394–405.

J. P. Campbell and J. E. Turner, "Debunking the Myth of Exercise-Induced Immune Suppression: Redefining the Impact of Exercise on Immunological Health Across the Life Span," *Frontiers in Immunology* 9 (2018): 648.

CAPÍTULO 6

1. S. Cassidy, B. Roche, D. Colbert, I. Stewart, and I. M. Grey, "A Relational Frame Skills Training Intervention to Increase General Intelligence and Scholastic Aptitude," *Learning and Individual Differences* 47 (2016): 222–235.

   D. Colbert, I. Tyndall, B. Roche, and S. Cassidy, "Can SMART Training Really Increase Intelligence? A Replication Study," *Journal of Behavioral Education* 27 (2018): 509–531.

2. M. Widmann, A. M. Nieß, and B. Munz, "Physical Exercise and Epigenetic Modifications in Skeletal Muscle," *Sports Medicine* 49 (2019): 509–523.

   P. Kaliman, "Epigenetics and Meditation," *Current Opinion in Psychology* 28 (2019): 76–80.

   E. Jablonka and M. Lamb, *Evolution in Four Dimensions: Genetic, Epigenetic, Behavioral, and Symbolic Variation in the History of Life* (Cambridge, MA: MIT Press, 2006).

3. J. Ciarrochi, P. Parker, T. B. Kashdan, P. C. L. Heaven, and E. Barkus, "Hope and Emotional Well-Being: A Six-Year Study to Distinguish Antecedents, Correlates, and Consequences," *Journal of Positive Psychology* 10 (2015): 520–532.

   C. R. Snyder, S. T. Michael, and J. S. Cheavens, "Hope as a Psychotherapeutic Foundation of Common Factors, Placebos, and Expectancies," in *The Heart and Soul of Change: What Works in Therapy*, vol. 462, ed. M. A. Hubble (Washington, DC: American Psychological Association, 1999), 179–200.

4. E. Miller, A. Rudman, N. Högman, and P. Gustavsson, "Mindset Interventions in Academic Settings: A Review," Karolinska Institutet, Report B (2016).

D. S. Yeager, et al., "A National Experiment Reveals Where a Growth Mindset Improves Achievement," *Nature* 573 (2019): 364–369.

D. S. Yeager and C. S. Dweck, "Mindsets That Promote Resilience: When Students Believe That Personal Characteristics Can Be Developed," *Educational Psychology* 47 (2012): 302–314.

5. L. Yu, S. Norton, and L. M. McCracken, "Change in 'Self-as-Context' ('Perspective-Taking') Occurs in Acceptance and Commitment Therapy for People with Chronic Pain and Is Associated with Improved Functioning," *Journal of Pain* 18 (2017): 664–672.

  N. Carrasquillo and R. D. Zettle, "Comparing a Brief Self-as-Context Exercise to Control-Based and Attention Placebo Protocols for Coping with Induced Pain," *Psychological Record* 64 (2014): 659–669.

  M. Foody, Y. Barnes-Holmes, D. Barnes-Holmes, L. Rai, and C. Luciano, "An Empirical Investigation of the Role of Self, Hierarchy, and Distinction in a Common Act Exercise," *Psychological Record* 65 (2015): 231–243.

6. C. M. Mueller and C. S. Dweck, "Praise for Intelligence Can Undermine Children's Motivation and Performance," *Journal of Personality and Social Psychology* 75 (1998): 33–52.

7. R. H. Smith, W. G. Parrott, E. F. Diener, R. H. Hoyle, and S. H. Kim, "Dispositional Envy," *Personality and Social Psychology Bulletin* 25 (1999): 1007–1020.

8. J. C. Hutchinson, T. Sherman, N. Martinovic, and G. Tenenbaum, "The Effect of Manipulated Self-Efficacy on Perceived and Sustained Effort," *Journal of Applied Sport Psychology* 20 (2008): 457–472.

  J. Ciarrochi, P. C. L. Heaven, and F. Davies, "The Impact of Hope, Self-Esteem, and Attributional Style on Adolescents' School Grades and Emotional Well-Being: A Longitudinal Study," *Journal of Research in Personality* 41 (2007): 1161–1178.

  A. W. Blanchfield, J. Hardy, H. M. De Morree, W. Staiano, and S. M. Marcora, "Talking Yourself Out of Exhaustion: The Effects of Self-Talk on Endurance Performance," *Medicine & Science in Sports & Exercise* 46 (2014): 998–1007.

CAPÍTULO 7

1. J. Montero-Marin, et al., "Self-Compassion and Cultural Values: A Cross-Cultural Study of Self-Compassion Using a Multitrait-Multimethod (MTMM) Analytical Procedure," *Frontiers in Psychology* 9 (2018): 2638.

2. P. Gilbert, K. McEwan, M. Matos, and A. Rivis, "Fears of Compassion: Development of Three Self-Report Measures," *Psychology and Psychotherapy* 84 (2011): 239–255.

3. J. A. Bailey, K. G. Hill, S. Oesterle, and J. D. Hawkins, "Parenting Practices and Problem Behavior Across Three Generations: Monitoring, Harsh Discipline, and Drug Use in the Intergenerational Transmission of Externalizing Behavior," *Developmental Psychology* 45 (2009): 1214–1226.

    K. E. Williams and J. Ciarrochi, "Perceived Parenting Styles and Values Development: A Longitudinal Study of Adolescents and Emerging Adults," *Journal of Research on Adolescence* 30 (2020): 541–558.

    P. C. L. Heaven and J. Ciarrochi, "Parental Styles, Gender, and the Development of Hope and Self-Esteem," *European Journal of Personality* 22 (2008): 707–724.

4. S. L. Marshall, P. D. Parker, J. Ciarrochi, and P. C. L. Heaven, "Is Self-Esteem a Cause or Consequence of Social Support? A 4-Year Longitudinal Study," *Child Development* 85 (2014): 1275–1291.

5. M. R. Leary, E. B. Tate, C. E. Adams, A. B. Allen, and J. Hancock, "Self-Compassion and Reactions to Unpleasant Self-Relevant Events: The Implications of Treating Oneself Kindly," *Journal of Personality and Social Psychology* 92 (2007): 887–904.

    J. G. Breines and S. Chen, "Self-Compassion Increases Self-Improvement Motivation," *Personality and Social Psychology Bulletin* 38 (2012): 1133–1143.

6. K. R. Merikangas, et al., "Lifetime Prevalence of Mental Disorders in U.S. Adolescents: Results from the National Comorbidity Survey Replication — Adolescent Supplement (NCS-A)," *Journal of the American Academy of Child and Adolescent Psychiatry* 49 (2010): 980–989.

    H. Baumeister and M. Härter, "Prevalence of Mental Disorders Based on General Population Surveys," *Social Psychiatry and Psychiatric Epidemiology* 42 (2007): 537–546.

7. A. Perkonigg, R. C. Kessler, S. Storz, and H. U. Wittchen, "Traumatic Events and Post-Traumatic Stress Disorder in the Community: Prevalence, Risk Factors and Comorbidity," *Acta Psychiatrica Scandinavica* 101 (2000): 46–59.

8. C. S. M. Ng and V. C. W. Chan, "Prevalence of Workplace Bullying and Risk Groups in Chinese Employees in Hong Kong," *International Journal of Environmental Research and Public Health* 18 (2021).

   I. Chatziioannidis, F. G. Bascialla, P. Chatzivalsama, F. Vouzas, and G. Mitsiakos. "Prevalence, Causes and Mental Health Impact of Workplace Bullying in the Neonatal Intensive Care Unit Environment," *BMJ Open* 8, e018766 (2018): 329.

9. "Inequality, Poverty Rate," OECDiLibrary (2017), doi:10.1787/0fe1315d-en.

10. J. True, *Violence Against Women: What Everyone Needs to Know* (Oxford, UK: Oxford University Press, 2020).

11. R. Sheppard, F. P. Deane, and J. Ciarrochi, "Unmet Need for Professional Mental Health Care Among Adolescents with High Psychological Distress," *Australia and New Zealand Journal of Psychiatry* 52 (2018): 59–67.

    D. Rickwood, F. P. Deane, C. J. Wilson, and J. Ciarrochi, "Young People's Help-Seeking for Mental Health Problems," *Australian e-Journal for the Advancement of Mental Health* 4 (2005): 218–251.

12. D. Azar, K. Ball, J. Salmon, and V. Cleland, "The Association Between Physical Activity and Depressive Symptoms in Young Women: A Review," *Mental Health and Physical Activity* 1 (2008): 82–88.

    L. Christensen, "The Effect of Food Intake on Mood," *Clinical Nutrition* 20 (2001): 161–166.

    M. Haack and J. M. Mullington, "Sustained Sleep Restriction Reduces Emotional and Physical Well-Being," *Pain* 119 (2005): 56–64.

    T. Cullen, G. Thomas, A. J. Wadley, and T. Myers, "The Effects of a Single Night of Complete and Partial Sleep Deprivation on Physical and Cognitive Performance: A Bayesian Analysis," *Journal of Sports Sciences* 37 (2019): 2726–2734.

    J. L. Etnier and Y.-K. Chang, "Exercise, Cognitive Function, and the Brain: Advancing Our Understanding of Complex Relationships," *Journal of Sport and Health Science* 8 (2019): 299–300.

CAPÍTULO 8

1. C. D. Güss, H. Devore Edelstein, A. Badibanga, and S. Bartow, "Comparing Business Experts and Novices in Complex Problem Solving," *Journal of Intelligence* 5 (2017): 20.

    H. L. Dreyfus, S. E. Dreyfus, and T. Athonasiou, "Five Steps from Novice to Expert," in *Mind Over Machine: The Power of Human Intuition and Expertise in the Era of the Computer* (New York: The Free Press, 1986), 16–51.

2. Y. A. Chang and D. M. Lane, "It Takes More Than Practice and Experience to Become a Chess Master: Evidence from a Child Prodigy and Adult Chess Players," *Journal of Expertise* 1 (2018): 6–34.

3. T. Farrington-Darby and J. R. Wilson, "The Nature of Expertise: A Review," *Applied Ergonomics* 37 (2006): 17–32.

    K. A. Ericsson, R. T. Krampe, and C. Tesch-Römer, "The Role of Deliberate Practice in the Acquisition of Expert Performance," *Psychological Review* 100 (1993): 363–406.

4. L. Blaine Kyllo and D. M. Landers, "Goal Setting in Sport and Exercise: A Research Synthesis to Resolve the Controversy," *Journal of Sport and Exercise Psychology* 17 (1995): 117–137.

5. W. T. Gallwey, *The Inner Game of Tennis: The Ultimate Guide to the Mental Side of Peak Performance* (New York: Pan Macmillan, 2014).

6. A. Hatzigeorgiadis and S. J. H. Biddle, "Assessing Cognitive Interference in Sport: Development of the Thought Occurrence Questionnaire for Sport," *Anxiety, Stress and Coping* 13 (2000): 65–86.

7. M. Noetel, J. Ciarrochi, B. Van Zanden, and C. Lonsdale, "Mindfulness and Acceptance Approaches to Sporting Performance Enhancement: A Systematic Review," *International Review of Sport and Exercise Psychology* 12 (2019): 139–175.

    A. T. Latinjak, A. Hatzigeorgiadis, N. Comoutos, and J. Hardy, "Speaking Clearly . . . 10 Years On: The Case for an Integrative Perspective of Self-Talk in Sport," *Sport, Exercise, and Performance Psychology* 8 (2019): 353–367.

    A. Hatzigeorgiadis, "Assessing Cognitive Interference in Sport."

CAPÍTULO 9

1. S. C. Hayes, K. D. Strosahl, and K. G. Wilson, *Acceptance and Commitment Therapy, Second Edition: The Process and Practice of Mindful Change* (New York: Guilford Press, 2016).

2. B. K. Hölzel, et al., "Mindfulness Practice Leads to Increases in Regional Brain Gray Matter Density," *Psychiatry Research* 191 (2011): 36–43.

   T. Singer and V. Engert, "It Matters What You Practice: Differential Training Effects on Subjective Experience, Behavior, Brain and Body in the ReSource Project," *Current Opinion in Psychology* 28 (2019): 151–158.

3. R. Purser, *McMindfulness: How Mindfulness Became the New Capitalist Spirituality* (London: Repeater Books, 2019).

4. D. Rinpoche, *Great Perfection: Outer and Inner Preliminaries* (Boston: Shambhala Publications, 2008).

5. P. Khandro, https://www.pemakhandro.org.

6. DNA-V International, https://dnav.international.

7. Rinpoche, *Great Perfection*.

PARTE 3

1. M. Haig, *Reasons to Stay Alive* (Edinburgh, UK: Canongate Books, 2016), 181–182.

2. J. Holt-Lunstad, T. B. Smith, M. Baker, T. Harris, and D. Stephenson, "Loneliness and Social Isolation as Risk Factors for Mortality: A Meta-Analytic Review," *Perspectives on Psychological Science* 10 (2015): 227–237.

3. A. M. Grant, *Give and Take: A Revolutionary Approach to Success* (New York: Penguin, 2013).

CAPÍTULO 10

1. M. D. Ainsworth, M. Blehar, E. Waters, and S. Wall, *Patterns of Attachment: A Psychological Study of the Strange Situation* (Hillsdale, NJ: Erlbaum, 1978).

2. R. C. Fraley, "Attachment Stability from Infancy to Adulthood: Meta-Analysis and Dynamic Modeling of Developmental Mechanisms," *Personality and Social Psychology Review* 6 (2002): 123–151.

J. E. Opie, et al., "Early Childhood Attachment Stability and Change: A Meta-Analysis," *Attachment & Human Development* (2020): 1–34.

K. Bartholomew, "Avoidance of Intimacy: An Attachment Perspective," *Journal of Social and Personal Relationships* 7 (1990): 147–178.

3. K. Bartholomew and L. M. Horowitz, "Attachment Styles Among Young Adults: A Test of a Four-Category Model," *Journal of Personality and Social Psychology* 61 (1991): 226–244.

CAPÍTULO 11

1. M. D. Lieberman, *Social: Why Our Brains Are Wired to Connect* (Oxford, UK: Oxford University Press, 2013).

2. J. A. Coan, S. Kasle, A. Jackson, H. S. Schaefer, and R. J. Davidson, "Mutuality and the Social Regulation of Neural Threat Responding," *Attachment & Human Development* 15 (2013): 303–315.

3. G. E. Vaillant, "Natural History of Male Psychological Health: The Relation of Choice of Ego Mechanisms of Defense to Adult Adjustment," *Archives of General Psychiatry* 33 (1976): 535–545.

4. J. Holt-Lunstad, T. B. Smith, and J. B. Layton, "Social Relationships and Mortality Risk: A Meta-Analytic Review," *PLoS Medicine* 7 (2010): e1000316.

J. Holt-Lunstad, T. B. Smith, M. Baker, T. Harris, and D. Stephenson, "Loneliness and Social Isolation as Risk Factors for Mortality: A Meta-Analytic Review," *Perspectives on Psychological Science* 10 (2015): 227–237.

H. Dittmar, R. Bond, M. Hurst, and T. Kasser, "The Relationship Between Materialism and Personal Well-Being: A Meta-Analysis," *Journal of Personality and Social Psychology* 107 (2014): 879–924.

5. Dittmar, "The Relationship Between Materialism and Personal Well-Being."

P. Steel, V. Taras, K. Uggerslev, and F. Bosco, "The Happy Culture: A Theoretical, Meta-Analytic, and Empirical Review of the Relationship Between Culture and Wealth and Subjective Well-Being," *Personality and Social Psychology Review* 22 (2018): 128–169.

6. P. D. Parker, et al., "Hope, Friends, and Subjective Well-Being: A Social Network Approach to Peer Group Contextual Effects," *Child Development* 86 (2015): 642–650.

   P. Chi, et al., "Well-Being Contagion in the Family: Transmission of Happiness and Distress Between Parents and Children," *Child Indicators Research* 12 (2019): 2189–2202.

   T. Bastiampillai, S. Allison, and S. Chan, "Is Depression Contagious? The Importance of Social Networks and the Implications of Contagion Theory," *Australia and New Zealand Journal of Psychiatry* 47 (2013): 299–303.

   J. Chancellor, K. Layous, S. Margolis, and S. Lyubomirsky, "Clustering by Well-Being in Workplace Social Networks: Homophily and Social Contagion," *Emotion* 17 (2017): 1166–1180.

   D. Stück, H. T. Hallgrímsson, G. Ver Steeg, A. Epasto, and L. Foschini, "The Spread of Physical Activity Through Social Networks," *Proceedings of the 26th International Conference on World Wide Web* (2017): 519–528.

7. J. Donne, *John Donne: Selections from Divine Poems, Sermons, Devotions, and Prayers* (Mahwah, NJ: Paulist Press, 1990).

8. J. Ciarrochi, et al., "When Empathy Matters: The Role of Sex and Empathy in Close Friendships," *Journal of Personality* 85 (2017): 494–504.

   E. C. J. Long, J. J. Angera, S. J. Carter, M. Nakamoto, and M. Kalso, "Understanding the One You Love: A Longitudinal Assessment of an Empathy Training Program for Couples in Romantic Relationships," *Family Relations* 48 (1999): 235–242.

9. B. Sahdra, J. Ciarrochi, P. D. Parker, S. Marshall, and P. C. L. Heaven, "Empathy and Nonattachment Independently Predict Peer Nominations of Prosocial Behavior of Adolescents," *Frontiers in Psychology* 6 (2015): 263.

10. A. C. Rumble, P. A. M. Van Lange, and C. D. Parks, "The Benefits of Empathy: When Empathy May Sustain Cooperation in Social Dilemmas," *European Journal of Social Psychology* 40 (2010): 856–866.

11. P. Khando, "Empathy Training," Buddhist Studies Institute (2020). For in-depth empathy training, see https://buddhiststudiesinstitute.org/courses/empathy-training.

12. Khando, "Empathy Training."

CAPÍTULO 12

1. J.-P. Sartre, *No Exit and Three Other Plays* (New York: Vintage Books, 1949).

2. K. D. Williams and S. A. Nida, "Ostracism: Consequences and Coping," *Current Directions in Psychological Science* 20 (2011): 71–75.

3. V. A. Ferreira, "Workplace Incivility: A Literature Review," *International Journal of Workplace Health Management* 13 (2020): 513–542.

    A. Gewirtz-Meydan and R. Finzi-Dottan, "Narcissism and Relationship Satisfaction from a Dyadic Perspective: The Mediating Role of Psychological Aggression," *Marriage & Family Review* 54 (2018): 296–312.

    J. Ciarrochi, B. K. Sahdra, P. H. Hawley, and E. K. Devine, "The Upsides and Downsides of the Dark Side: A Longitudinal Study into the Role of Prosocial and Antisocial Strategies in Close Friendship Formation," *Frontiers in Psychology* 10 (2019): 114.

4. N. J. S. Day, M. E. Bourke, M. L. Townsend, and B. F. S. Grenyer, "Pathological Narcissism: A Study of Burden on Partners and Family," *Journal of Personality Disorders* 34 (2020): 799–813.

    A. Tokarev, A. R. Phillips, D. J. Hughes, and P. Irwing, "Leader Dark Traits, Workplace Bullying, and Employee Depression: Exploring Mediation and the Role of the Dark Core," *Journal of Abnormal Psychology* 126 (2017): 911–920.

5. R. M. Ryan and E. L. Deci, *Self-Determination Theory: Basic Psychological Needs in Motivation, Development, and Wellness* (New York: Guilford, 2017).

CAPÍTULO 13

1. IPCC, *Climate Change 2021: The Physical Science Basis. Contribution of Working Group I to the Sixth Assessment Report of the Intergovernmental Panel on Climate Change* (Cambridge, UK: Cambridge University Press, 2021).

2. World Health Organization, et al., "International Decade for Action 'Water for Life,' 2005–2015," *Weekly Epidemiological Record* 80 (2005): 195–200.

3. M. E. Levin, M. J. Hildebrandt, J. Lillis, and S. C. Hayes, "The Impact of Treatment Components Suggested by the Psychological Flexibility Model:

A Meta-Analysis of Laboratory-Based Component Studies," *Behavior Therapy* 43 (2012): 741–756.

4. P. Hawken, *Regeneration: Ending the Climate Crisis in One Generation* (London: Penguin UK, 2021).

5. D. Gameau, *2040: A Handbook for the Regeneration* (Sydney, AU: Pan Macmillan Australia, 2019).

6. K. Raworth, *Doughnut Economics: Seven Ways to Think Like a 21st-Century Economist* (White River Junction, VT: Chelsea Green Publishing, 2017).

7. M. A. Musick and J. Wilson, "Volunteering and Depression: The Role of Psychological and Social Resources in Different Age Groups," *Social Science & Medicine* 56 (2003): 259–269.

8. N. Morrow-Howell, S.-I. Hong, and F. Tang, "Who Benefits from Volunteering? Variations in Perceived Benefits," *Gerontologist* 49 (2009): 91–102.

9. K. Nairn, "Learning from Young People Engaged in Climate Activism: The Potential of Collectivizing Despair and Hope," *Young Children* 27 (2019): 435–450.

10. J. W. Kanter, et al., "What Is Behavioral Activation? A Review of the Empirical Literature," *Clinical Psychology Review* 30 (2010): 608–620.

11. D. S. Wilson, *This View of Life: Completing the Darwinian Revolution* (New York: Knopf Doubleday Publishing Group, 2019).

12. E. Barclay and B. Resnick, "How Big Was the Global Climate Strike? 4 Million People, Activists Estimate," *Vox*, September 22, 2019.

13. Extinction Rebellion, *This Is Not a Drill: An Extinction Rebellion Handbook* (London: Penguin UK, 2019).

14. "Australian Teenagers' Climate Change Class Action Case Opens 'Big Crack in the Wall,' Expert Says," ABC News Australia, May 26, 2021, https://www.abc.net.au/news/2021-05-27/climate-class-action-teenagers-vickery-coal-mine-legal-precedent/100169398.

15. IPCC, *Climate Change* (2021).

"The Economics of Climate," *Finance & Development* 56 (2019): 1–65, https://www.imf.org/external/pubs/ft/fandd/2019/12/pdf/fd1219.pdf.

16. L. W. Coyne, "Poem at the End of the World" (2021).